推薦序二

「大家好，我係伍仔！」這是本人 Youtube 節目的開場白，有訂閱「伍妞有伍仔」這個頻道的人相信不會陌生。這次被方婷小姐邀請寫序，實在是情非得已啊！其中一個原因是本人稿費天價，普通地球人根本無法支付（笑）。

方婷是一個旅行精，經常飛來飛去與朋友去旅行，因此她寫的旅行書，必定有好介紹。她文筆精湛，寫書無數，是「腹有詩書氣自華」那種！不過，其實我更想看到她寫「減肥天書」，她比電影《熱辣滾燙》的女主角有過之而無不及！

說回本書，內裏真的介紹了很多上海的新景點，改變了我對上海的印象，也令我細想是否要在自己的頻道拍片介紹一下這個疫後已是煥然一新的地方。

最後，祝願本書一紙風行！

伍仔
YouTuber

自序

2023 年書展,伴隨着我剛剛結束上一本著作的出版講座後,走過萬里機構攤位,碰上了前編輯,寒暄幾句問道:「今年書展銷情不錯喔!哪個類別表現最出眾?」

「旅遊書!」編輯說,內地全面開放後,大家壓抑已久的旅遊熱情如狂潮般湧現。「你現在身在上海也可以寫一本⋯⋯」

「吓?我?!」一直都是心靈類別作者,頂多創作文學故事,對於旅遊這個範疇,完全沒有嘗試過。「認真?真係寫㗎啦喎!」

「認真啊!你在上海已有一段日子,且寫作經驗豐富,寫旅遊書沒問題啦!」編輯答道。

就這樣,開展了我的上海深度遊歷。

編寫這本上海旅遊新情報,是一段美妙而奇幻的旅程。當時,我只在這座城市生活了短短一年,許多地方文化和人情尚未融入我的血液。從搜羅資料、策劃行程,到最終的啟程,每一個景點都讓我心悸不已。帶着好奇與初心,或獨自踏上旅途,或約上友人共同體驗,每一次的出遊都是一次無比愉快的冒險;親身走遍每個新景點,從中深刻體味到當一位旅遊博主的辛勞,以及既工作又吃喝玩樂的快樂。

撰寫每一部作品都造就難以忘懷的回憶,也是我成長的印記。由衷感謝編輯 Cherry 給予我耐心的指導,以及編輯 Iris 的用心,也感激那些與我並肩經歷這趟上海新情報旅程的同事與朋友。希望各位讀者把這本書當作是你來滬的導航,就如認識一位朋友向你介紹每個景點的特色和打卡位。

記那個充滿陽光與微風的 2023 年,從短袖短裙的季節躍入了羽絨外套的季節,留下了無數美麗的照片,與回憶。

方婷

nóng hǎo !

上海

旅遊 新 情報

2024~25 最新版

方婷 著

知出版

推薦序一

滬港之間，自古以來便有着千絲萬縷的聯繫。兩地不僅是地理上的近鄰，更是文化上的血脈相連。香港的繁榮與上海的發展，始終相互交織，隨着時代的變遷，滬港兩地的交流合作愈發緊密。上海以其深厚的文化底蘊和獨特的城市魅力，吸引着越來越多的香港人前來探訪。他們漫步在外灘的街頭巷尾，感受着這座現代化大都市的脈搏；他們品味着上海的美食，享受着這座城市的獨特韻味。

方婷小姐是位心理專家，2022 年夏天來到上海，因共同從事的教育事業我與她結緣。沒想到，她來到上海後，工作之餘也擔任了「旅遊大使」，並出版了這本《上海旅遊新情報 2024~25 最新版》。這本書展現了她在上海發現的新奇有趣之處。不論是旅遊、短期商務出差，還是探親訪友，這本書都為大家提供了在上海不同區域尋找美食和娛樂的新去處。讓你在旅途中能夠深入體驗這座城市的魅力與活力。

《上海旅遊新情報 2024~25 最新版》是一本集知識、情感與實用性於一體的佳作。希望通過這本書，可以讓你領略到「魔都」上海的獨特魅力，感受其深厚的歷史底蘊與現代都市的活力。

祝願《上海旅遊新情報 2024~25 最新版》大獲成功！

麥德銓

上海市政協常委
滬港社團總會常務副會長
上海香港聯會首席副會長

目錄

上海分區地圖

上海為中國四個直轄市之一，總土地面積為 6,340 平方公里，分 16 個行政區。

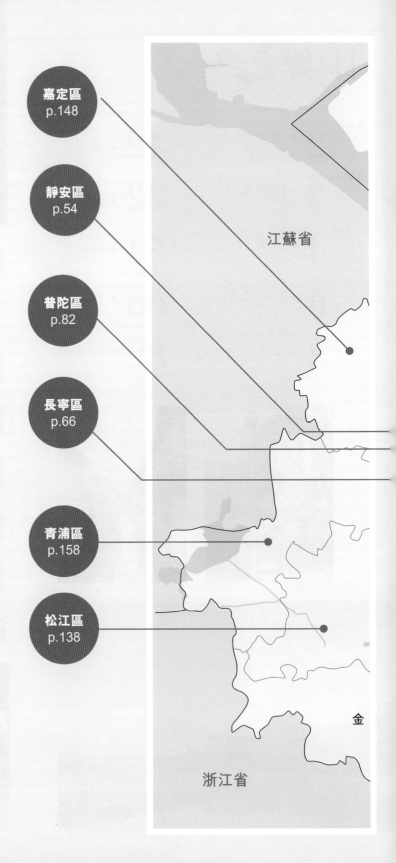

嘉定區
p.148

靜安區
p.54

普陀區
p.82

長寧區
p.66

青浦區
p.158

松江區
p.138

江蘇省

浙江省

金

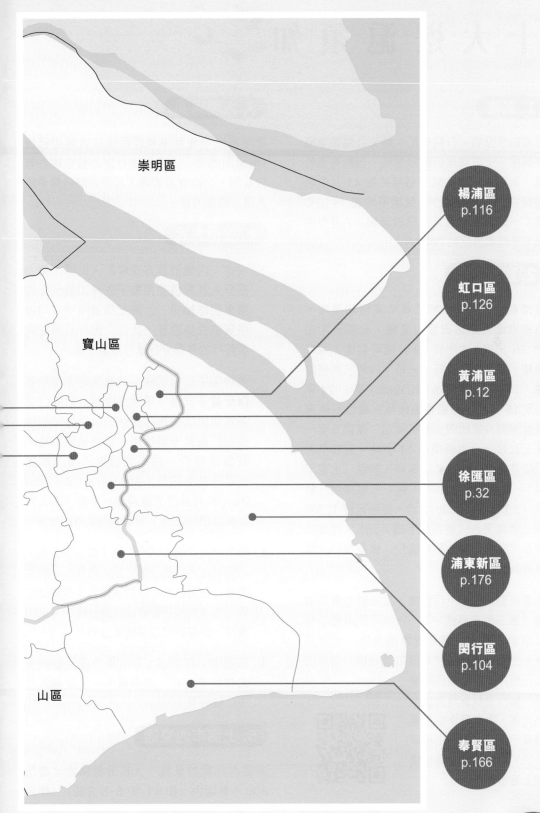

崇明區

寶山區

山區

楊浦區
p.116

虹口區
p.126

黃浦區
p.12

徐匯區
p.32

浦東新區
p.176

閔行區
p.104

奉賢區
p.166

十大遊滬須知

1. 氣候

上海四季分明，日照充足，屬北亞熱帶季風性氣候。上海氣候較北方溫和，但較香港乾燥，要注意保濕。氣溫每年約在 11 月中明顯轉涼，1 月份最冷，氣溫平均在 1~10℃間；一般來說 4 月天氣已很暖和，7 月份最熱，平均氣溫超過 30℃。

2. 到滬交通

香港直達上海的交通工具有高鐵和飛機。由香港西九龍站出發的高鐵，日間班次由 11:36 出發，7 小時 49 分鐘可到達上海虹橋站。票價分為二等、一等、特等和商務四種，二等成人票價為 HKD986。從 2024 年 6 月 15 日起，高鐵香港段推出動臥列車來往香港西九龍站與上海虹橋站，逢週五至一晚上出發，行車時間約 11 小時，翌日早上就能直達目的地；有二等座、動臥（上或下舖）、高級動臥（上或下舖）五種票價，動臥（上舖）由 HKD878 起。旅客可經 12306 線上票務平台（網頁或手機 App）、指定代理及代售點、車站票務櫃位、售票窗口及售票機購買高鐵車票。

乘搭飛機約 2.5 小時到達，上海現有兩個機場（第三個在興建中）——浦東國際機場和虹橋國際機場，兩者都連接地鐵，十分方便。上海浦東國際機場離市區較遠，香港出發可選擇上海虹橋國際機場，到市區較省時方便。到達後，乘客可乘坐機場專線巴士、地鐵、出租車或網約車，往返上海機場與上海市區。

機場專線巴士資訊：

3. 入境過關

香港居民可使用港澳居民來往內地通行證（俗稱回鄉證）入境，出行前先檢查證件有效日期。持回鄉證的港人可用自助通關系統入境，快捷方便。

4. 支付方式

1. **現金**：內地的官方貨幣為人民幣，但大部分人都習慣使用電子支付工具。上海浦東國際機場、上海虹橋國際機場均提供貨幣兌換服務。此外，出行前可在大型銀行的各個分行進行貨幣兌換。

2. **內地電子支付工具**：上海大部分商戶都接受電子支付，須通過護照、回鄉證或港澳居民居住證等證件，以及有效的中國銀行提款卡或信用卡認證來綁定電子錢包的賬戶，從而透過銀行賬戶轉賬去電子錢包賬戶。AlipayHK、WeChat PayHK 和銀聯卡普遍商戶接受，港人若無綁定電子支付，則需準備足夠現金。

3. **匯款到內地個人賬戶**：除了備有現金外，也可以在內地銀行開立個人賬戶，一般需要有一個可在內地收取短訊的手提電話號碼，並要向銀行提供個人身份證件，例如護照、回鄉證和居住地址證明。

4. **銀行卡／信用卡**：部分商戶接受銀行卡和信用卡支付，手續費不一，消費前宜先了解收費。

5. 上海市內交通

本書內介紹的景點，大部分都鄰近地鐵站 800 米範圍內（即步行約 5~8 分鐘），部分

距離地鐵站較遠的景點，建議出站後可「打車」（call 車或搭計程車的意思）。

地鐵：

目前，上海地鐵有 19 條運營路線，大部分地鐵路線服務時間由早上 5:00 到晚上 10:30 左右。上海地鐵實行按乘坐里程計費的分段票價制：0~6 公里 RMB 3，6 公里之後每 10 公里增加 RMB1（除磁浮線和金山鐵路），一般車費一趟約 RMB3~5。

上海地鐵線路圖：

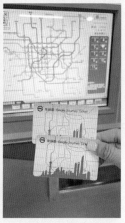

地鐵車票可以透過自動售票機購買。乘客也可以前往站內的服務中心購買公共交通卡出行。

計程車（的士）：

在內地出行有時亦需要「打車」。為方便乘客，上海城市內如賓館飯店、商務中心、醫院、居民社區周邊等公共場所都設有計程車停車站。乘客還可以通過電話、網絡等方式預約計程車。

上海市計程車實行統一價格標準，3 公里以內 RMB14，基本單價為 RMB2.5/ 公里；另收取低速行駛費、等候費、夜間收費及預約服務費等。

網約車：

在內地出行除了公共交通，一般會網約車，時間掌控上會更好，非常便利，價錢也相宜，日間市區行駛半小時車程約 RMB40~50。

經美團、滴滴出行、微信 APP 都可以叫到網約車，一般我會用美團 APP 直接叫車，使用起來甚為簡便。另外，支付寶將推出全新的支付寶國際版，境外遊客下載、註冊後綁定銀行卡（VISA、Mastercard 等都支持綁定），便可以用來支付公共交通工具、共享單車、叫車等的費用。

共享單車：

時租共享單車是遊覽內地城市非常便利的選擇，尤其在塞車高峰時。主要的街上道和地鐵站口會看到共享單車停泊處，不同顏色的單車屬不同的公司，例如黃色單車屬美團的，可在美團 APP 內掃碼開鎖；藍色的則屬哈囉單車，可用 WeChat 掃碼支付，即可使用。

一般而言，使用者須先繳付一定數額的按金才可使用服務，但亦有一些購物平台提供免按金租車服務，不過要先綁定平台。

6. 電話及上網

電訊服務：

香港居民可在上海當地各電訊服務商的門店（又稱「營業廳」）申請本地電話號碼，主要

電訊服務商包括中國移動、中國聯通和中國電信，服務套餐一般包括流動數據服務。

內地網絡在一般情況下不能登陸部分外國網站，包括港人常用的 Google、WhatsApp、Facebook、IG 等。香港市面上售賣的漫遊數據卡若是使用本地數據，則可正常使用。

WiFi 網絡：

大多數酒店、旅遊景點、商場和食肆都有 WiFi 網絡，但不少需要內地電話收驗證碼才可使用。

7. 餐飲

上海飲食種類繁多，各國各地的菜式均可找到！很多人有錯覺以為上海消費一定貴，其實選擇很多樣化，價格亦很參差，由低至十多元可吃飽的套餐，到人均數千元的高級餐飲，都可能在同一條街找到。2023 年疫情過後市面重現煙火氣，不少餐廳推出優惠吸客，在美團和大眾點評 APP 上有售賣團購券，絕對比正價有吸引力。須注意的是註冊賬號需要有內地電話號碼，並與內地版微信、支付寶、內地銀聯卡綁定。

8.City Walk

上海早被譽為「魔都」，來滬旅遊除了感受它的魔幻魅力，也可以嘗試 city walk，探索它的另一面貌。City walk 意即城市漫步，這種新型旅遊方式自 2023 年開始在內地爆火，大家以慢節奏及沉浸式體驗來深入了解一個城市的歷史文化。上海正是其中一個 city walk 熱點，在內地社交平台（如微博、小紅書等）可以找到多不勝數的上海 city walk 路線，本書亦會推薦一些受歡迎和超適合打卡的路線！

9. 上海遊好 APP 推薦

到上海甚或內地其他地區玩樂，有幾個便捷的 APP 會很常用，建議先下載，後出發！

類別	APP 名稱	用途
通訊	微信	是主要溝通、付款、找小程序的工具。
地圖	高德地圖 百度地圖	地圖、駕車導航、公交地鐵路線搜尋、實時交通及打車服務。
高鐵	中國鐵路 12306 攜程旅行	買火車票、車票。
地鐵	Metro 大都會	內附「一碼通行」功能，掃 QR Code 直接進出上海地鐵。

類別	APP 名稱	用途
商戶優惠/ 旅遊點最新 資訊	大眾點評	綜合吃喝玩樂地點的門票、優惠、和用戶評價；大部分餐廳有推出套餐券，團購買券更化算。
外賣	美團外賣、餓了麼	美團乃綜合外賣、超市、打車、玩樂娛樂優惠等平台（需要內地電話號碼註冊）；餓了麼主要點外賣。
酒店/ 景點	携程旅行	預訂或購買酒店、機票、火車票、門票等。
演出/ 娛樂門票	大麥小程序	預訂或購買演唱會、音樂節、Live House、話劇、音樂劇、脫口秀等門票。

美團 APP 版面。一個 APP 就能滿足生活出行各種需求，超方便！

10. 緊急服務電話

香港居民如在內地遭遇意外、突發事故或傷亡，當事人或其親屬應立刻向當地公安機關報告及尋求協助。

內地報警電話：110
醫療救護電話：120（救護車出診需要支付相應費用，包括車費及搶救治療費）
消防火警電話：119
交通事故報警電話：122

如需進一步協助，可聯絡香港入境事務處（入境處 24 小時求助熱線：(852) 1868）或駐上海經濟貿易辦事處（駐滬辦電話：(86 21) 6351 2233，內線 160）。

① INS 復興・樂園 ② 新天地 ③ 恒基・旭輝天地 ④ 南京路步行街
⑤ 廣蓮申・超級點心倉（來福士店）

黃浦區

黃浦區是上海歷史最悠久的城區，總面積約為 20 平方公里，西面與靜安區及徐匯區接壤。黃浦區至今仍是現代上海的中心商業區，區內老牌景點有上海外灘、豫園、城隍廟、復興公園等歷史人文景觀，還有一直是遊客聚集的人民廣場、南京東路步行街、新天地、和平飯店等城市景觀。

近年不斷更新迭代的商店和新遊點為黃浦區加添了不少活力，例如新開的新天地時尚 II、上海百聯 ZX 創趣場，以及最潮蒲點 INS 復興・樂園。

一日遊建議路線

人民廣場 ≫ 大光明影院 / 國際飯店 ≫ 南京路步行街 ≫ 外灘 ≫ 豫園 ≫ 上海新天地 ≫ 恒基・旭輝天地 ≫ 思南公館 ≫ INS 復興・樂園

交通方式

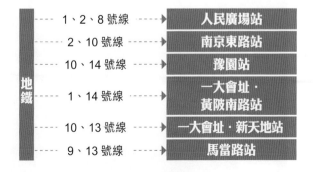

地鐵		
	1、2、8 號線 →	人民廣場站
	2、10 號線 →	南京東路站
	10、14 號線 →	豫園站
	1、14 號線 →	一大會址・黃陂南路站
	10、13 號線 →	一大會址・新天地站
	9、13 號線 →	馬當路站

2023年6月 OPEN

INS 復興

·國際電競音樂樂園

地 黃浦區雁蕩路 109 號（復興公園內）

時 22:00~04:00

交 地鐵 10/13 號線—大會址·新天地站 5 號出口，步行 650 米

要數滬上最潮的 clubbing 蒲點，必定是 INS 復興，正確來説這裏不是一個蒲點，而是一整棟六層的蒲點！從 2022 年底防疫政策全面開放後，多家夜店陸續開業，每個週五、週六，晚上復興公園北門的雁蕩路邊的名車、網約車排起長隊，把這條寬闊的石板路堵得水洩不通。公園裏人聲鼎沸，許多男男女女悉心打扮，排隊來到樂園的夜店，享受音樂帶來的律動與酒精引起的興奮。INS 復興地處黃浦區，在衡復歷史文化風貌區復興公園內，是面積二萬平方米的國際電競音樂商業綜合體，毗鄰思南公館，是一個電競消費、文化消費、文旅消費新熱點。

早在 21 世紀第一個十年裏，復興公園已是上海年輕人最時髦的夜生活聚腳點，Park97、官邸、Richy、錢櫃 KTV 等，是早一代夜蒲人的回憶。重新打造後的 INS 復興又再帶領新一代 clubbing 文化，和許多大型夜店不同，INS 復興裏夜店的面積都不大，但是各具特色，而且集中在一棟大樓裏，夜蒲人可以在一個晚上穿梭於不同的音樂世界中。

◀ 從三樓開始，INS 復興·樂園匯集了多家 Music Live 酒吧，全都打破固化風格，包括來自北京的嘻哈主題的 Hush by Ph、流行樂主題的 RADi、歐美音樂主題的 Lafin 以及硬核 techno 主題的 Playground 等，王嘉爾和陳冠希都曾來打卡體驗。

▲ 以樂園一樓為例，INS 復興·樂園打造了以親民輕西餐為主的餐飲服務，包括來自紐約以酒精冰淇淋聞名的 A,WAY、先鋒青年文化基地公路商店、烤串店五花馬以及結合黑膠唱片愛好者社群和美食美酒的輕餐吧武宮等。

▲ 來上海旅遊，想體驗這裏的夜店文化，推薦 Kezee——有這麼大的 Live room，即使不熱衷於跳舞也可以好好享受音樂。（後面有詳細介紹）

一樓（地面）：公路商店、A,way 等
二樓：Hush by Ph（Hip-hop，週一休，低消 RMB2000~3000）
三樓：RADi（House，週一和週二休，低消 RMB2000-8000）、Kezee（Live House）
四樓：Culture Club（Hip-hop，週一至週四休店，低消 RMB2000~3000）
五樓：Greenroom（威士忌吧，週一休，低消 RMB2000~3000）
六樓：Playground（Techno，週日至週二休，低消 RMB2000~3000），Lafin（Hip-hop，週一和週二休，低消 RMB2000~6000）

小 Tips: 平日人也不少，在 10 點後開始熱鬧；週五週六人極多，太晚可能限流，最好先預訂。

* 上述低消以每枱計算。

KEZEE

地 INS 復興樂園 3 樓

時 20:30~04:00

大眾點評上海酒吧熱門榜第 1 名

這家把 Live House 唱成演唱會級別的夜店，於 2023 年 10 月底才開業，已經晚晚 full house。平日晚上九時許，復興公園裏有仍不少播着動感音樂，跳着廣場舞，INS 大樓裏的派對開始準備嗨了！Kezee 門口 20:30 入場，在暖場音樂的襯托下，慢慢開始愈坐愈多人。舞台設計恰似劇院，歌手演出 21:30 正式開始，平均每人唱三到四首，每一節都是不同的曲風，有中文亦有英文的流行曲；演唱之間會有 10 到 15 分鐘休息時間，讓觀眾聊天、喝酒。

▶ 當晚有朋友還未吃晚餐，我們點了不少吃的，味道也非常不錯。

▲ 歌手和樂隊實力非凡，一開口以為在聽演唱會，唱出不少耳熟能詳的歌曲令觀眾也站起來一起唱，亦不得不讚舞台燈光效果非常專業。剛開業沒有最低消費，坐一個晚上吃好喝好還有音樂會，人均消費幾百，實在非常超值！

新天地

地 黃浦區太倉路 181 號

交 地鐵 1/14 號線一大會址・黃
　陂南路站 2 號口

有朋友從香港來訪，新天地一定是其中一個熱門聚會的選擇。新天地位於上海市中心，是一個展現上海歷史文化風貌，且中西融合的都市旅遊景點，以上海近代建築的標誌「石庫門」建築舊區為基礎，把原有的居住功能改成商業經營：餐廳、名店、書店等等，應有盡有。但新天地乃老牌景點，每天遊人絡繹不絕，想在這邊晚餐，最好提前預訂。

來到新天地，不得不試試被譽為「上海霍格華茲魔法學校」的老網紅餐廳 Green & Safe（新天地北里 22 號 1 層），復古美式穀倉設計，半開放式廚房可讓食客看到製作食物的過程。

▲ 推薦黑松露蘑菇 Pizza，XXL 烤肉派對拼盤、新鮮藍莓奶油鬆餅，味道對得起價格；特色裝飾和精緻的燈光把氛圍感拉得滿滿的，適合大伙兒聚會和約會，早一點排隊取號，再在附近逛逛拍照，高峰等候時間約一小時，人均約 RMB150~200。

新天地時尚 I

地 黃浦區興業路 123 弄 6~7 號

時 10:00~22:00

交 地鐵 10/13 號線一大會址・新天地站 6 號口

▲Spicy Comedy Lounge 小小的場子可容納大約 200 名觀眾。現場不設劃坐，建議早 20~30 分鐘入場。

2023 年 6 月 OPEN

Spicy Comedy 脫口秀

地 新天地時尚一期 3 樓南里食
集北區 14 號

► 現場氣氛很好，有不少人是外地來的。其中一位喜劇主持 Frankie A 完 show 後很熱情和觀眾拍照。

假如工作得很疲憊，生活苦悶無味，就來一場脫口秀吧！在上海旅遊，除了吃吃喝喝，推薦大家感受這裏和香港不一樣的脫口秀氣氛。自從來滬生活後，發現很多內地朋友都喜歡看脫口秀，原本對這門子娛樂沒太多認識，但同事一直大讚好正，當然要去體驗一下。

我當時選擇了英文場，去之前也會擔心文化和背景不一樣，get 不到笑點。全場下來，因為主持和嘉賓都非常豐富的國外生活的經驗，能夠很好地把握文化和不同觀眾的理解，又真係好笑喎！而且欣賞脫口秀時有酒水，可邊飲啤酒邊哈哈大笑。考慮體驗的朋友，假如你英文有相當的程度，不用擔心，請放心搶票。

新天地時尚 II

地 黃浦區馬當路 245 號

時 09:00~00:00

交 地鐵 10 號線一大會
址・新天地站 1 號口，
步行 560 米

新天地時尚 II 經過一年多的修建後啟幕，整體格調為年輕潮流工業風，聚焦更多國際及本地時尚設計及藝術，帶著全新的商業理念和空間設計，打造了煥然一新的復合式零售業形態，與年輕消費者展開連結。

這個購物中心中有 50% 面積為中國或上海首店、旗艦店，其中包括 USM 全國首店、ARKET 上海首店等；另外，不時有市集活動，不單是遊客，本地人也喜歡來這裏聚會逛街。

2023 年 4 月 OPEN

New York Bagelous Museum
（紐約貝果博物館）

地 新天地時尚購物中心 2 期一層 L111 舖

時 11:00~18:00

大眾點評新天地／馬當路美食熱門榜第 1 名

▲ 店內採用復古美式裝修，更有一面大鏡子，除了達到放大空間的效果之外，更形成一種視覺上的明亮點。

▲ 等待時可以看到貝果烘焙的製作過程，火爐傳來陣陣香氣，一面看着色彩繽紛的貝果，一面期待着待會咀嚼貝果時的美味。

▲ 貝果口味選擇非常多，除了甜的，鹹的都有。

▶ 買了一個貝果配搭美式咖啡，當下午茶剛剛好。

不要被「博物館」三個字誤導，內裏絕不是供參觀的博物館而是一家 bagel 店喔！2023 年 4 月底開業，內有琳琅滿目的貝果種類，有鹹有甜，貝果口感有嚼勁，內部綿軟有彈性，價錢由 RMB16~52 不等。店舖面積不大，平日下午等候時間約為 20 分鐘，我在等候時被剛出爐的 bagels 引得口水直流。貝果源自於德語 beugel，意為「圓圈」或「環」，17 世紀以後在波蘭相當常見，成了斯拉夫族群的主食，而近年漸漸成為上海人的新寵。因此，紐約貝果博物館開業後立即很火，假日排隊往往需要一小時。

恆基·
旭輝天地
（The Roof）

地 黃浦區馬當路 458 弄

時 10:00~22:00

交 地鐵 9/10/13 號線馬當路站 5 號口，步行 7 分鐘

▲ 商場內有小型展覽，免費入內參觀。

旭輝天地位於新天地商圈，總建築面積 4.5 萬平方米，藏在馬當路市中心一個像漫畫上的小「峽谷」裏，鮮艷奪目的紅色建築配以深綠色植物，出自著名法國建築師尚‧努維爾（Jean Nouvel）之手。這個由東向西延伸的空間，包括了辦公室和特色商業功能，有別於傳統的購物中心；從地下二層到一層用作商業零售，也是整個建築最主要的開放空間。

旭輝天地建築最大特色是錯落有致的連橋，令人在繁忙的市中心突然跳進一個夢幻的情景，仿如在雨林峽谷間穿梭。設計團隊研究並設計出富立體和層次感的建築結構，更以火紅色為基礎，造就出亮眼又突出的地標式建築。

二酉書店

地 恒基‧旭輝天地 LG01-01B
時 10:00~22:00

旭輝天地的照片的確耀眼，但裏面有甚麼呢？它並不是一個商業中心，基本上沒有逛街的地方，但有餐飲、運動、按摩店加上這家饒有禪意的書店。

▲ 書店設計和細節也是講究的，店中裝置甚具古韻。

「學富五車，書通二酉」，有別於傳統書店的格局，二酉有點像古時文人聚集之地，有茶、有咖啡、有酒，禪意盎然，入內似是步入園林中去參與文人雅士的活動。

▲ 店內有私人空間，可供慢慢品茶、看書、輕聲聊天。

▲「書為山、詩為樹、花為綴、茗為香、酒為伴」是二酉書店的理念。

Brut Eatery Wine Bar & Restaurant

地 恒基・旭輝天地 G-03

時 10:00~23:00

在新天地附近約朋友吃飯或約會,不想太嘈雜和擁擠,可走到恒基・旭輝這家 Brut Eatery 是非常不錯的選擇。別看裝修走高檔路線,我們三個女生晚上看 show 前相約吃飯,當晚沒有點酒,開開心心吃了一頓飯,人均消費才不到 RMB100。

店內燈光恰到好處,即使沒有酒精也有一種微醺的情調。一問才知道,這裏有逾 200 款酒任君選擇,難怪酒櫃成為餐廳打卡重地。

▲ **側腹牛排繽紛蔬菜碟**(RMB69)

牛肉鮮嫩多汁,配以小番茄、南瓜、生菜、芝麻菜,色彩繽紛,口感清新。

◀ **蟹肉蘑菇厚蛋燒**(RMB68)

蛋香配以用料充足的蟹肉,味道和份量都很不錯。

▲ **帕爾馬芝士薯條**(RMB36)

別看其他的菜式很健康,主食老演員是薯條。本人酷愛吃薯條,新鮮炸出來非常香口。

◀ 歐式酒館風的氛圍,彷彿走進了酒窖,陳列出琳琅滿目的美酒。以為這裡只是愛酒人士的天堂?不!Brut Eatery 有着高質美食招待你。

南京路步行街

地 黃浦區南京東路步行街

交 地鐵 1/2/8 號線人民廣場站 19 號口

作為上海老牌旅遊點、必逛步行街，連接外灘的南京東路就是大名鼎鼎影視劇裏的「十里洋場」，這裏招牌林立，每天川流不息，建築新舊交織，除了滿滿的老上海風味還有夾雜了很多新開的商場和小店。想體驗上海的繁華，必須來走一趟！

▲ 在這裏不怕買不到手信特產，大白兔奶糖、蝴蝶酥、雲片糕等一應俱全。

\ 2023 年 1 月 OPEN /

上海百聯 ZX 創趣場

地 黃浦區南京東路步行街 340 號

時 10:00~22:00

交 地鐵 2/10 號線南京東路站 1 號出口，步行 1 分鐘

被譽為「魔都秋葉原」，黃埔區的百聯 ZX 創趣場，是內地首座最潮次元文化商業體。百聯 ZX 是原來華聯商廈的更新項目，Z 是指 Z 世代，X 則是無限可能，創趣場則代表了因為同好、熱愛而聚集有趣的人。現場所見男生居多，若一家人來上海旅遊，絕對可以分頭行動：父母在外面小店買手信，年輕人來朝聖。

▶ 還沒走進商場，就被大屏幕上和櫥窗各類動漫人物 IP 吸引，商場裏面有追星館、VR 體驗館、娃娃屋、明星周邊等。

踏入百聯 ZX，一秒走進 ACG 世界。這裏不但有很多二次元動漫愛好者和各種各樣的 coser，最讓人興奮是有整整六層樓高的二次元文化商店。一樓有萬代魂中國內地首店 Tamashi Nations 和 Magahouse；2 樓有東京動漫社、萬代官方扭蛋店；3 樓有藍月的娃娃屋；4 樓有貓獸屋、主題餐廳；5 樓有最新館，專售賣一些明星周邊；6 樓則是 VR 館。每層都有不同的潮玩谷子店，海賊王、火影忍者、柯南、高達、奧特曼、鬼滅等等很多大 IP 的官方正版周邊都可在這裏見到。

▲ 中庭設計滿佈廣告，不時有活動和音樂會，當日不少 coser 早早到場。

◀ 入內有點步進二次元世界的感覺，吸引我的是在內地很多商場的標配：夾公仔機。

◀ 6 樓 VR 館，有很多體驗項目，可以自行以微信支付買票，單次 RMB80，一小時暢玩 RMB228。

▲ 來到很可愛的動物星球，買了個樓樓小豬咪盲盒（小貓玩偶）回家。

2023 年 5 月 OPEN

廣蓮申
·超級點心倉
（來福士店）

地 黃浦區西藏中路 268 號來福
士廣場 B1-01B

時 10:00~22:00

交 地鐵 1/2/8 號線人民廣場站
15 號口，步行 290 米

廣蓮申是不少朋友推薦的神仙甜品店，但是上海已經超過
10 家分店，在成都、長沙、南京等城市都有。這間鄰近南
京東路步行街的分店與其他廣蓮申有些許不同，它是魔都
首家超級點心倉（其他店是海派點心），其獨特而別具科技
感的設計，令人驟眼看來真的聯想不到是做糕點甜品的，
但每次經過都會見到或多或少的人在排隊，可見其魅力。

▲ 除了 best seller「爆款」，還不
時加入新品和 crossover 不同口
味，目測不論是烘焙或甜品，都
有不少人捧場。

◀ 整家店舖的感覺完全不像賣糕
點，反而像潮店，例如他們出售
很多周邊產品，包裝設計都別樹
一幟，突出了品牌文化。

大家可能注意到招牌上廣蓮
申的名字是繁體字，原來廣
是指廣式點心，申代表上海
的海派點心，簡單來說，就
是 Crossover。本人因為身
材管理的需要，基本上已經
戒掉全部甜品，但每次經過
廣蓮申還是會忍不住進去看
一看，因為他們的包裝和店
舖設計實在賞心悅目。雖說
沒有口福試勻他們的甜品，
但總結了朋友和網友推薦，
爆款熱門包括：巧克力哈
鬥、女王卷蛋糕、鹹口軟泡
芙（這個我試過，真心好
吃！）、抹茶卷（亦為我所
好），看着很有食慾！

特別篇

經典景點新鮮玩意：
豫園和外灘

址 黃浦區福佑路 168 號　　交 地鐵 10/14 號線豫園站

豫園原是建於明朝時期（1559 年）的古典園林，在上海老城廂東北部，今天已成為典型的江南園林代表，同時是上海著名的旅遊景點，於 1982 年被國務院列為全國重點文物保護單位。豫園以中西合璧的園林設計見長，西南有城隍廟、豫園商城。

建議行豫園、城隍廟前先不要吃太飽，因四周有太多特色小吃，可以滿足大家行到邊食到邊「掃街」的願望。小籠包、生煎包和其他小食有多種選擇，於中心遊客區大大隻蟹黃灌湯包賣 RMB32 一隻，主打現包、現蒸、現食。小食城小食選擇亦很多，周邊全是手信特產，整個豫園區可逛兩至三個小時。

綠波廊

地 豫園街道豫園路 115 號（近九曲橋）

時 11:00~14:00；17:00~20:30

交 地鐵 10/14 號線豫園站 7 號口，步行 750 米

🏃 大眾點評全年四星以上好評商戶

綠波廊原是建於明代嘉靖 38 年的豫園西園中的一個樓閣，位於九曲橋旁明朝舊建築內，鄰近城隍廟和豫園等寶貴古蹟。這個樓閣於 1979 年搖身一變，成為一家餐廳，其點心以小巧玲瓏，色調高雅而著名，一直是**上海點心代表**，長期蟬聯米芝蓮必比登推介。2019 年修繕後內裏別具現代感，突顯出園林建築古今匯聚。各式地道傳統上海點心美味依然，相比起很多米芝蓮餐廳，綠波廊價格絕對算得上是「平易近人」，一般吃飯人均不到 RMB200。

▲ 銀色金屬天花，配襯綠色主調，時尚又不失典雅氣派。

▲ 其中一道名菜是創意海派．荷香拆骨八寶鴨（RMB198）；八寶鴨的份量足夠四個人吃，鴨肉的油鮮滲着荷香，配一口飯，吃下去滿足感十足！

◀ 作為曾招待各國國家元首和代表，包括美國前總統克林頓、英國伊利沙伯女王、法國總統馬克龍的老牌名店，綠波廊向來是宴客之選。

◀ 點心選了一半鹹一半甜的「綠波套點」（RMB68），造型精緻，抹茶綠豆糕最合我口味。
各款點心用料：
時尚拎包酥：蟹粉、筍丁、蔥花、豬油、麵粉；
芹香鮮貝枇杷酥：扇貝、芹菜、豬油、麵粉；
抹茶綠豆糕：抹茶、紅棗、松仁、鹹蛋黃、綠豆；
奶黃蛋黃糕：鹹蛋黃、綠豆。

2023 年 12 月 OPEN

蜜樂雪 · 樂 Bar

🏠 舊校場路 125 號皕靈樓 GG1-1023-A 商舖
🕐 10:00~22:00

舊校場路一直有不同食品和飲品店進駐，2023年底開業的蜜樂雪 • 樂 Bar 推出「觀園悅」，附上的豫園小竹兜甚具代表性，顏值一下升上來！

童涵春堂 · 二十四節氣茶

🏠 方浜中路 265 號華寶樓 1 樓 6 號商舖（8 號門旁）
🕐 10:00~22:00

2021 年底開業的童涵春堂本來主打中醫，近年加入中式茶飲，在一眾奶茶咖啡店中實屬健康之選，他們的金銀花柚子茶、琵琶雪梨湯等，都很不錯。

豫園周邊滿街是小食，不過這家巧克力博物館不只是推銷巧克力，還有展覽空間和介紹。巧克巧蔻博物館於 2022 年 1 月開業，位處於豫園區內，門口不算太大，一不小心很容易走過頭。博物館共兩層，面積雖小但具有參觀價值。

2022 年 1 月 OPEN

Choc Choco 巧克巧蔻博物館（巧克力博物館）

地 黃浦區舊校場路 69 號 YB1-102
時 10:00~22:00
費 免費，毋須預約
交 地鐵 10/14 號線豫園站 3 號出口

從車水馬龍的豫園人群中走進巧克巧蔻博物館，在一樓進門處即被巧克力動物園展示區中栩栩如生的「動物」驚喜到，從大象、袋鼠、長頸鹿，到獅子、松鼠，每種都紋理清晰，動作栩栩如生。沿着旋轉樓梯拾級而下，進入展覽空間就可以了解巧克力的歷史與文化，在這裏博物館用自己的方式呈現古今中外名畫，梵高的《星空》和《和日葵》看起來真分辨不出是甜甜的巧克力，還有愛馬仕和寶格麗手袋雕塑，亦有賣不少巧克力製作的器具，並可觀看巧克力的製作工序。

▲ 朱古力控看到多款設計精美的產品肯定十分興奮，場館手信區有上百種巧克力產品可以挑選帶回家，「拼拼樂」RMB120 買六送三、巧克力上上簽筒 RMB118、手工朱古力一顆 RMB18，口味選擇頗多。

◀ 在這個巧克力博物館走了大約 30 分鐘，平日不愛甜吃的我，竟然抵受不了誘惑，光顧了手工巧克力香蕉先生。不得不說，逛累了吃上這麼一口甜，當下的幸福感真會提升！

外灘

交 地鐵 10 號線豫園站

走完豫園，當然要來外灘打卡。上海外灘位於上海黃浦江畔，是上海最具代表性的地標景觀之一，北起惠漢路，南至南京路，區間內保留了不少上世紀二三十上海著名建築，例如匯中大廈、浦江大飯店等混合中西式外觀的建築群，十分有特色。建議選在黃昏時分迎着落日餘暉來走走，充分感受上海灘的魅力。

外灘是上海現代化的起點，也是上海以及長三角地區的金融

▲ 當時使用的金庫設備是美國知名品牌 Mosler Safe，每個大大小小的保險箱為金屬鏡面設計，十分具有歷史價值，至今尚有 20 幾個無人認領。入內簡直是回到過去，同時亦像走進 Matrix 的電影世界。

中心，目前外灘周圍聚集了眾多銀行及保險公司總部，還有上海證券交易所大樓，蘊含濃厚的金融文化底蘊。除了著名建築，外灘有沒有甚麼新鮮景點？又真有一個非常特別的地方值得推薦——近百年歷史的保險庫可以預約參觀！保險庫位於九江路 111 號上投大廈（上海國際信託有限公司），建於 1933 年，現在是上海第二類保護建築，至今還保留着獨一無二的銀行金庫。

▲ 上海國際信託有限公司更在 2016 年把一樓的大廳設為「外灘 111 藝術空間」，可在「黃浦最上海」微信小程序內進行預約，每週二、四上午 09:00~10:00，每次 30 人，免費參觀。

❶ 龍華 ❷ 西岸沿岸 ❸ 徐家匯書院 ❹ PLAYMOBIL 摩比世界 ❺ 越界‧衡山路 8 號

徐匯區

徐匯區與黃浦區相鄰，亦是位於上海市中心的一個市轄區，面積約 55 平方公里。徐匯是上海較早完成基本舊區改造的中心城區之一，重點發展信息技術、現代生物醫藥，以及有多所高等院校，如上海交通大學、華東理工大學、上海師範大學和上海音樂學院等。

旅遊方面，除了舊古蹟，這區還有很多新玩意：「網紅街」安福路和武康路、龍華古寺新玩、西岸美術館群等等。老實説，要細味徐匯區的新景點，一天不太足夠！

一日遊建議路線

大龍華寺、塔影空間、龍華會 ➤ 西岸鳳巢 AI Plaza ➤ 西岸美術館、油罐美術館、西岸漩心 Orbit、龍美術館 ➤ 徐家匯書院、徐家匯天主堂 ➤ 武康大樓、上海宋慶齡故居 ➤ 安福路 ➤ 衡山路 8 號

交通方式

地鐵	11、12 號線	龍華站
	11 號線	雲錦路
	1、9、11 號線	徐家匯站
	10、11 號線	交通大學站
	1 號線	衡山路站

龍華

交 地鐵 11/12 號線龍華站

來上海旅遊，強烈推薦龍華三件套：龍華寺、塔影空間、龍華會，半天行程，吃個素麵、稟神求福連同一覽寺廟旁的商業街區，就可以全面滿足參觀古剎、逛商場吃喝玩樂和藝術拍照打卡三個願望，而且龍華靠近市中心，即使晚上安排與朋友聚會和參觀另外的景點，時間安排亦非常之有彈性。

龍華寺

地 徐匯區龍華路 2853 號

時 平日 07:00~16:30；節假日 / 初一 / 十五 / 佛誕 06:00~17:00

交 地鐵 11/12 號線龍華站 4 號口

▲ 先排隊拿麵，然後自行掃碼付款。素咖啡亦是這裏的名物，黑咖啡名曰「無憂」、燕麥咖啡為「善緣」。素麵一碗 RMB15，黑咖啡 RMB18。老實説，味道真不錯，值得一排！

龍華寺位於上海市中心徐匯區，乃上海最古老的寺院之一。在內的龍華塔距今超過 1,700 年歷史，被譽為滬城「寶塔之冠」，是市中心唯一一座千年古塔寺。龍華寺的名稱來源於佛經中彌勒菩薩在龍華樹下成佛的典故，「華新號至如意官運亨通」，因此大部分人來求學業和財富。香火鼎盛，人流不斷，來參觀寺廟不需收取入場費。

除了參觀古寺，不少人為吃一碗羅漢麵慕名而來。龍華素齋在大眾點評必吃榜，人氣一直爆燈。週末到來的話，要有些許心理準備，素食排隊人非常多，參觀當日剛好是週日兼初一，長長的人龍（保守估計過百人）一度讓我萌生放棄的念頭；然而，人龍雖長排隊的時間卻不算太久，因為禪堂座位很多，不到半小時就能入座，算得上是非常有效率。

龍華塔影空間

地 徐匯區龍華路 2778 號龍華廣場（玻璃房）
時 9:30~11:30；13:30-16:30（週一休館）
交 地鐵 11/12 號線龍華站 2 號口

大眾點評徐匯區人文古蹟好評榜第 1 名

塔影空間坐落於徐家匯龍華古韻片區，就在龍華寺旁邊，是 2023 年新進打卡點。空間的天花板是玻璃天幕，上有一層薄薄的水幕，陽光透入禪意十足。空間地面上長方形的透明水池是冥想的位置，經過特別設計可從地面下穿透看到龍華塔的倒影。

塔影空間分為四個主題區域，分別是：「歸雲」、「聽松」、「迎月」、「塔影」，內裏有小型展覽區、交流區、閱讀及咖啡區、和水幕古塔造影區。

這是我第三次到場才可入內的 *網紅景點*。第一次週日沒有預約不能內進，第二次平日下午，要排隊等逾一小時，因此放棄了。第三次在五天前在小程序預約週日早上 9:30~11:30 的時段，因為害怕下午人太多，9:40 分就到了，終能成功入場。溫馨提示：計劃週末出行一定要提前預約，因為票很少，常常 full house！

▲ 打卡後過來飲杯咖啡，享受禪意盎然的瞬間。

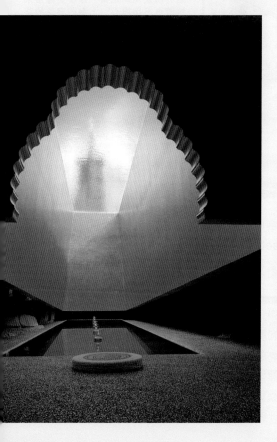

▲ 沿着樓梯走到地下，映入眼簾的是這個竹禪的圓柱。

▲ 喜歡攝影的朋友，強烈推薦，千萬不要錯過塔影空間！

龍華會

🏠 徐匯區龍華路 2778 號

🕙 10:00~22:00

🚇 地鐵 11/12 號線龍華站 1/3 號口

🧍 大眾點評龍華 / 西岸購物熱門榜第 1 名

上海近年開幕的商場，都是主打復古和潮流，兩者兼備的特色。坐落在龍華寺對面，步行約三分鐘，2023 年 9 月開業的龍華會商圈可謂全城焦點，佔地面積 24.6 萬平方米，是一個

◁ 商場內不少店舖走藝術風，逛起來商業味不算太重，項目全國首店數量達 70 家，美食、咖啡茶飲、設計師品牌、潮流運動等應有盡有。除了青年，還有不少當地銀髮族來打卡（當日我的不少照片都是打扮精緻的姨姨幫助拍攝，即使是獨自來旅遊也不用擔心，上海遊客區的路人都很熱心幫忙拍照）。

文化與潮流融合的綠色生態街區，以「meet on street 龍華街巷，妙會橫生」為品牌核心。

▲ 走進商場最搶眼的當然是巨型古銅樹造景，七彩繽紛的燈飾裝置讓我聯想起星加坡 Garden by the Bay 的 Supertree Grove。

▷ 看到 Trouble Smile 門口可愛的 Peko，忍不住來張合照。

2023 年第四季大部分店舖已陸續佈置完畢和開業，吃喝玩樂一站式全方位照顧。作為首個對望千年古剎的商業街區，龍華會既致敬龍華文化，又融合江南水鄉的建築風格與現代設計，並將延續千年的非遺龍華廟會和京劇藝術融入街巷場所。商業街區中搭建了一個龍華戲台，在節日更會安排不同的戲曲、劇目演出。

📷 **2023 年 9 月 OPEN**

迷迭巷（龍華會店）

🅖 龍華會 B2-N49

🕐 10:00~21:30

走入龍華會找食的，不同價位、地方的菜式都有。想食新疆菜，因此來到迷迭巷，以往曾光顧其他分店，印象不錯。龍華新店不算大，店員一如既往的熱情，一餐飯有三次來問我味道如何，而且我看到他們是有記錄的。

▲ 牛腩牛肚煲（RMB79）這次沒有點我愛的大盤雞和羊肉串，嘗試了牛腩牛肚煲，不錯喔！裏面有豆腐、菜，牛腩數量亦不少；手工薄饢（RMB8）輕微的甜，非常容易入口，是主食以外非常好的選擇。

我一個人點了三款，大眾點評打卡再送小食，買券 RMB89 代 RMB100，共消費 RMB91，環境乾淨企理，作為朋友聚會或者想坐一坐的話，都是一個不錯的選擇。

◀ 店長很懂做生意，在結帳之後給我送來一碗小酸奶解膩，這樣的餐廳之後還會再返單！

▽ 龍華會 B2 層有超過 30 家大大小小的食肆和飲品店，人均 RMB30~300 都有。

徐匯區

西岸沿岸

交 地鐵 11 號線雲錦路站

▲ 自然風景配個電影框，是上海精緻又別開生面的浪漫場景。

上海徐匯濱江西岸是魔都新晉的藝術海岸，藝術展館一個接着一個，西岸沿岸亦有跑步徑，在濱江散步和慢跑也是非常不錯的選擇。另一個由英國鬼才 Thomas Heatherwick 設計的公共空間，西岸漩心 West Bund Orbit 亦在 2023 年 11 月正式開業。

假如行程有點緊張，或者貪心一點想在徐匯區多走多幾個新景點，行程建議是早上先到龍華會，到大約 1 點過來西岸看藝術館，然後再到西岸鳳巢。

◀ 近年新打做的藝術岸線，其他站點還有星美術館、龍美術館，喜歡展覽的朋友，一定不能錯過。沿途有接駁巴士，在這邊留一天逛西岸絕對沒有問題！

西岸美術館

🏠 徐匯區龍騰大道 2600 號

🕐 週二至週日 10:00~17:00（週一閉館）

🚇 地鐵 11 號線雲錦路站 6 號口，步行 630 米

「西岸美術館大道」南段景觀的核心是西岸美術館，於 2019 年開館，佔地 2.5 萬平方米，內有多個展館，一層中庭和 0 號展廳是免費向公眾開放的，內有一間小書店和展示空間。

油罐藝術中心

🏠 徐匯區龍騰大道 2380 號

🕐 週二至週五 12:00~18:00；週六週日 10:00~18:00（週一閉館）

🚇 地鐵 11 號線雲錦路站 5 號口，步行 710 米

同樣在 2019 年開始對外開放，原本是飛機場改建而來的油罐藝術中心，名副其實，由幾個大型油罐組成，旁邊特意種了很多植物，是集合展覽、公園和咖啡廳於一身的藝術文化空間。

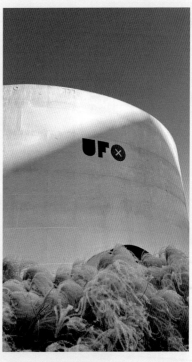

▲ 在 11 月時一大片的粉黛亂子草，美得一塌糊塗，佔領大片小紅書，拍照非常日系。

AI Plaza 西岸鳳巢

地 徐匯區雲錦路 683 號

交 地鐵 11 號線雲錦路站 5 號口，步行 400 米

大眾點評龍華 / 西岸商場好評榜第 1 名

位於黃埔江沿岸西岸濱江的「西岸鳳巢」遠觀造型非常酷，科技感十足！項目是由四棟建築構成綜合開發的，整個設計最大的特點是佈局和建築造型都是圍繞着「風的形態」，遠處看猶如一雙展翅的鳳凰羽翼：「築巢引鳳，無限伸長」，視覺衝擊感很強。走近的時候心裏不禁「哇！」一聲，的確是有打破了本人對商場外觀的概念。西岸鳳巢的英文 AI 代表 Art+Intelligence，寓意藝術與智慧的結合。

▲ B1 有個兒童遊玩區域，太陽系八大行星的造型奪目繽紛，適合小朋友放電。

▲ 個商場裏裏外外都佈滿了「圓」的設計。

▲ 工作日裏，商場主要是附近打工仔午飯的去處，店舖人流不算太多；週六週日則會有很多在附近逛藝術館的年輕人。

▶ 交錯的天橋吸引了很多攝影愛好者到場，在現場從不同角度看都會被震撼到。

近年身心靈健康產業爆發，在上海不少人都熱衷於參與身心靈相關的工作坊。2019 年創立的 Creative Shelter 在線上營運期間積累了廣泛的社群基礎，2021 年 5 月打造了售價線下門店，以正念為中心，結合冥想與藝術，實踐可持續身心健康的生活方式。

📱 2023 年 8 月 OPEN

Creative Shelter 發生所 (西岸鳳巢 4 樓)

🕐 視乎課程安排（需在微信小程序 Creative Shelter 上預約）

▶ 他們從一個社區冥想空間出發，成為中國首個進駐商業地產的城市療癒空間，音療、冥想和藝術療癒工作坊迅速成長。

西岸店於 2023 年開業，想要體驗課程的朋友可以先關注他們的小程序，有日常課表、小班療癒工作坊、音療師認證培訓和療癒旅修等，單次收費 RMB288，可直接預約，非常方便。

📱 2023 年 8 月 OPEN

三體・引力之外 (西岸鳳巢 7 樓)

🕐 視乎場次（需在微信小程序三體・引力之外上先購票）

喜歡科技藝術的朋友，千萬不要錯過在 7 樓的《三體・引力之外》沉浸式體驗劇，裏面 34,000 平方米實景體驗空間融合了 VR 虛擬實景、AR 和 AI，逼真還原萬有引力號飛船內部場景。話劇演出方面，全場約 130 分鐘，演員們和觀眾有互動，體驗感十足。

《三體》是內地作家劉慈欣創作的長篇科幻小說，於 2015 年榮獲雨果獎（Hugo Award）最佳長篇小說獎。小說講述人類文明與三體文明的交流，以及它們在宇宙中興衰歷程，故事跨越了科學、哲學和社會等多個層面。除小說外，2023 年三體電視劇在央視正式播放，Netflix 翻拍的劇集也於 2024 年在網上串流，引起不少熱話。

◀《三體》粉絲來到這裏一定要親身體驗沉浸式的三體世界。因為觀看期間不得攝影，大家可從官方照片中感受一下氣氛。週三至週五只有晚上場，週六與週日有下午場，票價 RMB398 起。

🍃 2023 年 7 月 OPEN

Halo 星寰 (西岸鳳巢 7 樓)

🕐 週一至四 11:30~22:00，週五 11:30~02:00，週六 11:00~02:00am，週日 11:00~22:00

🏃 大眾點評徐匯區西餐服務第 1 名

入來被那沉浸式氣氛狠狠鎖住注意力。科技公司開餐廳是怎麼一回事？就是進入 AI 氛圍，與商場的格調非常一致；就是着重科技感的體驗。在這裏用餐有極佳的體驗，經理曾在澳門東方文華酒店工作，服務達到五星級酒店 standard，大眾點評獲得「徐匯區西餐服務第 1 名」是名不虛傳的。

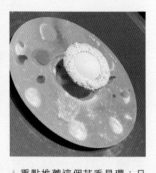

▲ 主菜地中海海鮮意麵，意粉口味是肉醬意粉，少量辣味，份量剛剛好。

▲ 重點推薦這個芸香星環：日本柚子塔，造型非常夢幻，恍如一個星球擺在你面前，燈光效果也是一絕。外面是一層白朱古力皮，裏面是香濃柚子加上鮮西柚肉，不會太甜膩，單價 RMB128。

▶ 踏進餐廳像是進入了另外一個神秘空間。

▲ 午市單人套餐（RMB168）中 ，單是麵包已經深得我心，芝士薄片很是濃郁。前菜選了煙燻紅菜頭三文魚，雖説是煙燻，但吃不出廉價的鹹感，三文魚口感鬆軟香濃，紅菜頭的好朋友是沙律，但和煙燻三文魚味道又出奇的合拍，有股清新香氣，作為前菜容易入口。

2023年1月 OPEN
徐家匯書院

地 徐匯區漕溪北路 158 號

時 週二至週日 09:00~17:00；週五、週六 09:00~20:00（週一閉館）

交 地鐵 1/9/11 號線徐家匯站 3 號口

若 city walk 時間預算充裕的話，可以一直走或騎單車到同區另兩個免費的**超級網紅打卡點**——徐家匯書院和徐家匯天主堂。

徐家匯書院是位於核心區的一個的超大型閱讀文化空間，2023 年 1 月開放，首三個月十分難預約，大家都想一睹這個「美得不可方物」的圖書館長怎樣。徐家匯書院外部由奇普菲爾德事務所設計，內部由建築師俞挺團隊設計，總面積超過一萬八千平方米，地下兩層，地上三層，設近 800 個閱覽座席。

▲ 除了看書，1 樓和 -1 樓有咖啡茶飲、文創，藝術工作坊，也很值得參觀。

◄ 1 樓中庭是書院備受矚目的設計，還有 3D 打印的「光啟之門」藝術裝置，視覺效果令人大為震撼。

▲2樓、3樓均設有陽光閱讀區，抬頭可見風景，喝着咖啡看書，實在是寫意。

▲ 館內藏書眾多，借書需要借書證，但參觀和館內閱讀是免費的，節假日或人多的時候會實行人流管制，需要排隊入內。建議平日來，週六週日人流較多。

▲ 開業以來慕名而來的人絡繹不絕，巴西利卡式中庭貫通上下四層，形成宏偉的視覺效果。

徐家匯天主堂（聖依納爵主教座堂）

🅖 徐匯區蒲西路 158 號

🅣 週二至週六 09:00~15:30；週一及週日閉館

🅧 地鐵 1/9/11 號線徐家匯站 3 號口

徐家匯天主堂乃中國著名天主教堂，就在徐家匯書院旁（步行 2 分鐘），該教堂始建於清光緒二十二年（1896年），是繼鴉片戰爭之後上海地區內第一座天主教堂，以新古典時期法國哥德式風格建築，在 1920 年以前是上海最高的建築物，也是上海最具規模的天主教堂。參觀注意：不要穿背心、短褲、短裙、鞋不露跟、在內不可飲食。

2022年7月 OPEN

PLAYMOBIL 摩比世界

地 徐匯區天平路 320 弄 26 號

時 10:00~20:00

交 地鐵 9/11 號線徐家匯站 15 號口，步行 430 米

▲ 步入 Playmobil 體驗中心立即有一個可以互動的大屏幕，站在「最佳互動點」，隨機出現的摩比人和場景就會呈現眼前，摩比人會鏡像模仿你的動作，即使是大朋友也玩得不亦樂乎。

大眾點評徐匯區親子購物好評榜第 3 名

德國最大玩具生產商，兼世界十大玩具品牌之一的摩比，其全球首家 PLAYMOBIL 摩比世界體驗中心於 2022 年 7 月在上海衡山坊正式開業。摩比以標誌性的魔比微笑人偶為主角，走過天平路，一定被外面的大摩比人吸引。

摩比世界的場景玩具設計豐富，有城市生活（機場、醫院、消防救援等）、古代神話（羅馬、城堡戰爭、海盜）、國家視野（埃及、非洲）、冒險休閒（侏羅紀恐龍、休閒運動）和女孩系列（玩偶屋、皇家婚禮、精靈花園）等，這些都可在體驗中心的各個區域中體驗得到。

體驗中心整體感覺是好玩和互動性強的，若家長們有兩三個小時在徐匯區，不妨讓小朋友來玩玩，體驗完全免費；不過很可能忍不住破費，因為他們的玩具實在太上癮。實不相瞞，當日我不自覺地沉浸在「體驗」中兩個多小時，還不太想離開！

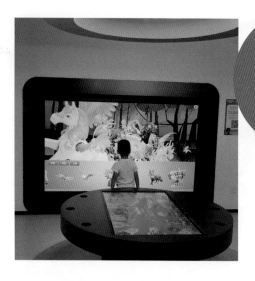

◀ 體驗中心共有兩層，2樓也有玩樂區域，小朋友除了可玩玩具，還有一些小班和課程，在公眾號可預約參加。

▶ 創造你的玩偶：先在屏幕選擇玩偶的衣飾等，再用APP命名，然後看着你的小玩偶升上太空。感覺這是給大人來治癒童心未泯的吧！

Bella Vita Bistro 美好生活意大利餐廳

🏠 徐匯區天平路318號
🕐 11:00~22:00

▼ 當日在Playmobil走出來，被它明亮的大窗吸引，點了精選意大利火腿及芝士拼盤，小喝一杯，因為是午後大約4點多還未到飯點，安靜的Bella Vita Bistro坐得更舒服。

在衡山坊轉角有一家由意大利人開的正宗意大利菜。老闆表示，除Pizza和意粉外，意菜還有許多選擇。這裏環境很加分，具小資情調，適合約會或聚餐；除此之外，主廚有在意大利米芝蓮餐廳工作的經驗，還在馬爾代夫Cheval Blanc工作過，菜式水準絕對有保證。

◀ 午餐set lunch令人印象非常深刻，選了布拉塔奶酪沙拉、烤黑鱈魚、樹莓撻，沙津發揮穩定，烤魚肉質鮮嫩。午餐（週一至五 11:00~15:00）RMB238一位。這裏的價格以上海物價來說絕對算不上便宜，人均晚餐約RMB800，但論正宗和地道，問過幾位意大利朋友，他們也推薦。

▶ 衡山路被譽為「東方香榭麗舍大街」，8 號路旁佈滿梧桐樹，秋日一片浪漫。

▲ 水塔吸引不少人來拍照，地上的文字為整體增加不少美感。

2022 年 10 月 OPEN

越界 · 衡山路 8 號

地 徐匯區衡山路 8 號

時 08:00~22:00

交 地鐵 1 號線衡山路站 3 號出口，步行 300 米

🏃 大眾點評衡山路 / 復興西路購物熱門榜第 1 名

走進越界· 衡山路 8 號，彷彿是鬧市中的一片後花園，原址美童公學建於 1922 年，是上海優秀的歷史建築，亦是上世紀 30 年代上海最高公信力的國際學校之一。新開闢的古式和現代建築結合成小小的商業區，白天可以看到清水紅磚的老洋房，夜晚則燈光閃爍，璀璨浪漫。

▲ 旋轉樓梯亦非常受歡迎，幾次路過此地都看到一大堆人在拍照。

▲ 旁邊的立牌廣告很可愛，狠狠抓住了來打卡遊客的注意力。

▲ 旁邊西餐廳 Overlaps, Morrarella e Vino, Seesaw Coffee 也是氛圍感滿滿，週末來吃個早午餐或下午茶，是說不出的寫意啊！

▲ 中庭廣場的空間讓人彷似瞬間轉移到歐洲；2 樓有餐廳，亦有一些小店。

il laboratorio del gelato 冰淇淋實驗室

🏠 衡山路 8 號 5 號樓 105

🕐 10:00~22:00

il laboratorio del gelato 是被紐約時報整版報道的紐約雪糕品牌，超級奪目的天藍色，配以實驗室的佈局設計，在炎熱的下午輕輕鬆鬆就吸引了我進來。

▲ 點了 Affogato，香濃咖啡搭配任意口味的 gelato。咖啡超濃，加了抹茶也嚐得出其香滑，RMB60 小小一杯，但值得慢慢品嚐。

▲ 陳列出 30 款 gelato 和 sorbet 口味，雙球杯裝 RMB60，Cone RMB70；三球杯裝 RMB65，Cone RMB75，看得出的細膩絲滑。

衡山路 8 號很新，整體氛圍亦非常舒適。逛完後若想在附近找一些氛圍感地方吃飯的話，可以步行 2 分鐘到永平里，裏面有不少餐廳都是我的聚餐之選。

特別篇

安福路——武康路
City Walk

地 徐匯區安福路　　交 地鐵 1/7 號線常熟路站 8 號口

疫情防控解封後的夏天，上海掀起一片 city walk 風潮，想要體驗老上海風氛圍同時逛逛潮店？完全不是問題！花一個下午走一趟安福路——武康路 City Walk 可以滿足你。武康路濃縮了上海近代百年歷史的名人路，安福路則是號稱「街拍宇宙中心」，老中青時髦精聚集地，海派、精緻、優雅等詞彙都不能全面描述這條寶藏級小馬路，每天都有不少捧着專業相機的攝影師在街拍，充分體現上海潮人的生命力。

▲ 打卡位很多，上海的「網紅」點不會缺拍攝高手，如果隻身一個到來，可以找在旁拍攝的美女或姨姨，她們拍攝的專業程度不輸攝影師。

安福路原叫巨潑來斯路（Route Dupleix），是沿法租界的小馬路，西起武康路，東至常熟路，全長僅 862 米卻熱鬧非常。「武康路——安福路」街區，更於 2021 年 9 月獲評上海市級旅遊休閒街區。內有多家特色餐廳、設計小店、咖啡店、小洋房、名人故居等，建議安排 3~4 小時行程，預留足夠時間喝咖啡、逛小店、拍拍照。

▲ 外國友人表示被攝影師的陣勢嚇到。

Alimentari

地 徐匯區安福路 158 號（近烏魯木齊路）

時 09:00~23:30

人氣一直居高不下，充滿意式氛圍的 Alimentari
安福路店，是在梧桐樹下好好享受一個午後的
佳選。除了 Brunch 出色，店內更有各式各樣
的芝士、酒類、橄欖和小食可供選購。週末人
較多，排隊時間約一小時，建議在大眾點評上
線上排隊後到處逛逛再回來。一個分享小拼盤
RMB148，早午餐人均大約 RMB100。

▲ 下午來這裏吃 brunch，口感和擺盤無得輸，推薦
火腿拼盤、三文魚班尼迪、烤牛肉肉帕尼尼、無花果
布拉塔，全部水準極佳，又賞心悅目，所以每天都有
很多人慕名而來。

多抓魚循環商店

地 徐匯區安福路 300 號　　時 10:00~22:00

沿安福一直步行，經過很多特色店舖和餐廳後，
會看到這家寶藏小店。多抓魚最初於 2017 年成立
於北京，是知名的二手書交易平台；這家是上海
首店，於 2020 年開業，商店推廣可持續的生活方
式，2 樓有二手書店、3 樓二手服裝，裝修簡潔明
亮，走進店內視覺舒適。

▲ 書店設計簡約整潔，書本還很新。

Sunflour Bakery&Cafe

地 徐匯區安福路 308 號 103-104 室

時 07:30~20:30

步出多抓魚循環商店就立即被隔壁 Sunflour
香噴噴的麵包勾住了視線，麵包控一定會被
他家不同種類的烘焙吸引。這家以精緻麵包
著稱，也有色拉、意粉、飲品等，人氣一直
高企。

Into_ the force 原力飛行

地 徐匯區安福路 322 號 2-105　　時 09:00~20:00

重工業風的水泥牆配上由零部件構成載體的
桌椅，單是店舖設計已非常有特色。店內排
列整齊又有型的貨架和包裝所傳達的環保理
念，是這所咖啡店的風格被不少同行研究的
原因。

◀ 這家最具特色的是不同口味的咖啡，南姜梅粉、紫
蘇桃、開心果等，喜歡嚐新的朋友，一定有驚喜。

Harmay 話梅

地 徐匯區安福路和武康路交叉路口，武康路 55 號

時 10:00~23:00

這所看似咖啡店的 HARMAY，其實是賣折
扣美妝的，價格一般比專櫃便宜。它有着上
海老弄堂加機械風混合的風格，因此在武康
路口的這個角落，每天都有十數個街頭攝影
師毫不吝嗇地按動快門。

羅密歐陽台

🅰 徐匯區武康路 210 號

對上海的街道不熟悉？不用擔心，
就算沒有預先策劃 city walk 路線
圖，來到武康路只要跟着人群走，
必定走到網紅打卡點。步入武康路
往武康大樓方向，一堆人在聚集拍
照，原來那是「羅密歐陽台」──
因為建築酷似沙翁名劇「羅密歐與茱
麗葉」中描寫的陽台而成為打卡點。

武康大樓

🅰 徐匯區淮海中路 1842-1858 號
🅲 地鐵 11 號線交通大學站 7 號口

武康大樓曾用名字「諾曼第公寓」，
由著名建築設計鄔達克 Ladislav
Hudec 設計，建於 1924 年，外型像
是一艘待啟航的巨輪，是上海第一座
外廊式現代公寓大樓；1953 年更名
為武康大樓，以往不少僑民和電影明
星，如王人美、孫道臨等入往。大樓
於 2019 年全面修繕，對面是宋慶齡
故居、旁邊是巴金故居，拍照受歡迎
程度高，前來打卡的人巨多。

鄔達克是 1920~1930 年代居住在上
海的匈牙利籍斯洛伐克建築師，其設
計的作品不只代表上海的革新與繁
華，更能跨越時代，除了武康大樓，
孫科住宅、國際飯店、哥倫比亞住宅
圈（現址上生新所），都列為上海優
秀近代建築，到現在仍每天迎接不同
的遊客。

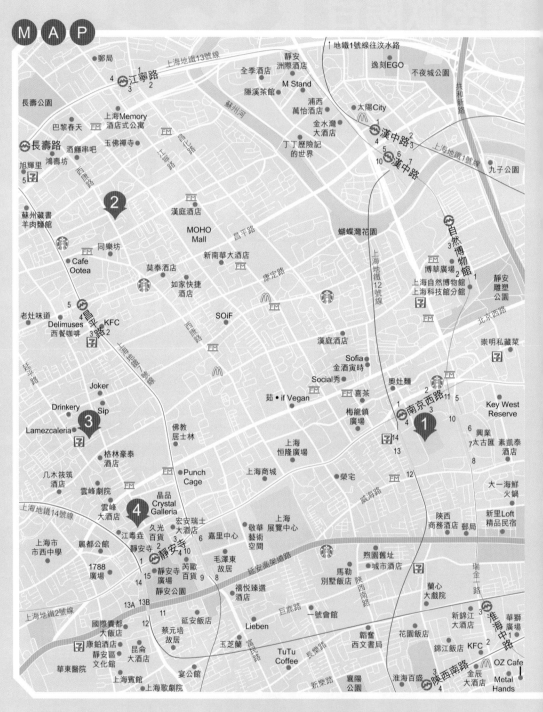

M A P

① 張園 ② M＋馬利＆mamǎfufú ③ 現所 ④ 人和館 ⑤ 遇見博物館

靜安區

靜安區在浦西中心，是中國上海市的一個市轄區，全區面積約 37 平方公里，與黃浦區、虹口區、長寧區、普陀區、徐匯區和寶山區銜接。

靜安區因千年古剎靜安寺（始建於公元 247 年）而得名，知名地標還有上海展覽中心、上海恒隆廣場、中信泰富廣場、百樂門大舞廳、馬勒別墅、靜安大悦城、上海商城等。新晉不少網紅點，吃喝玩樂一併俱全，張園、M+ 馬利、現所、巨鹿路等，打卡拍照一絕，非常值得好好遊覽。

一日遊建議路線

遇見博物館 〉玉佛禪寺 〉M + 馬利 & mamǎfufú 超級百貨 〉現所 〉靜安寺 〉人和館 〉張園 〉巨鹿路

交通方式

地鐵		
	2、7、14 號線	靜安寺站
	2、12、13 號線	南京西路站
	13 號線	江寧路站
	7 號線	昌平路站
	1 號線	汶水路站

2022年12月 RENOVATE

張園

地 靜安區威海路 588 號

時 10:00~22:00

交 地鐵 2 / 12 / 13 號線南京西路站 13 號口，步行 50 米

張園建於 1882 年，當時是上海三大園林之一，曾經是清末民初上海最大、最有特色的市民公共活動場所。張園歷史顯赫，上海第一盞電燈、第一家室外照相館、第一場話劇，都是這裏的回憶印記。至今，這裏仍是保存最完好的石庫門建築群，有「上海第一名園」的美譽。

舊建築色彩以磚砌紅色為主，鑲嵌着精緻水泥灰雕，線條簡潔大氣。歷時三年修繕的張園吸引了頂級奢侈品牌如 Dior、江詩丹頓、LV 等入駐，在一棟棟石庫門樓建築的包圍下，襯托出滿滿的時尚和氣派。

▲ 灰紅磚的配搭，門框是方形石條，裝飾的鐵藝欄杆及巴洛克式的窗框門樓，有着中西合璧的特色。

▼ 這裏的細緻位做得很足，常常吸引年輕人來打卡遊覽。

▲ 張園只有兩、三家餐飲，其中「Re 而意自行車」（茂名北路 200 號 W9-1C）有逛的（單車零件）、有吃的、有喝的，是非常有趣的組合。

Blue bottle Coffee 藍瓶咖啡（張園店）

（地）靜安區茂名北路 240 號 W5-1A　　（時）08:00~22:00

藍瓶咖啡走極簡主義，專注於咖啡本身。記得數年前在加州喝過一次之後，非常難忘，藍色瓶子的標記亦非常容易辨識。品牌憑着其獨特口味，獲得上海大批咖啡愛好者青睞，開業時絕對是「排隊王」，聞說要花上幾小時才等到一杯咖啡。張園店沾染着獨特的復古氣息，缺點是大部分時間排隊的人都比較多，需要點耐性。

▲ 店內裝修走工業風路線，從窗框看到外面的張園已是最好的風景。

▲ 咖啡平均售 RMB33 到 RMB50。

2022 年 1 月 OPEN

M＋馬利
& Mamǎfufú
超級百貨

地 靜安區西康路 850 號

時 10:00~22:00（室內區域至 23:00）

交 地鐵 7 號線昌平路站 5 號口，步行 680 米

M＋馬利創意園由幸福里集團、靜安投資集團開發，整體面積約 7,000 平方米。到達後映入眼簾的是愉快活潑的色彩，剛好撞正之前「多巴胺」熱（即令人快樂愉悅的繽紛色彩配搭），加上鄰近市中心，開業以來成為上海異常火的打卡點。創意園原為國貨品牌馬利顏料生產廠的舊址，因此保留老廠房的佈局結構，更延續馬利顏料的藝術美學，以紅黃藍三原色為基礎，成功糅合潮流主題，把海派文化與時尚元素，完美結合在這個小而精的社區角落。

▲ 在創意園迎接大家的是這個既巨型又可愛搞怪的「戴珍珠耳環的少女」。

▲ 三個馬利女孩：下腰女孩、倒掛女孩、遠眺女孩，一直是打卡熱點。

▲ At ART collection 有很多小飾物。

上海文化中，其中一個關鍵是里弄文化，許多本土上海人是在里弄間拉扯長大，里弄的特色是甚麼？煙火味、接地氣，也可以是時髦、摩登。園區通過微型露台和錯落階梯，色彩鮮艷而豐富的空間，即保留了工業風屬性，也充滿色彩繽紛的基因。

◀ 這個「尷尬卻不失禮貌的笑容」鎖匙扣太正，才 RMB15 一個，入手幾個送給不同朋友。

2 樓是國貨品牌「馬利」和「幸福集薈」跨界打造的潮流市集，除了馬利牌美術用品，還匯集了眾多設計師的作品：精品、香薰、招牌服飾、文具等等，也有少量刊物。

▲ 本來以為是甚麼外語，看清楚，不就是「馬馬虎虎」嗎？

◀ 有關設計的書籍和雜誌。

這裏有約 1,000 平方米具特色的「以色彩主義為概念」的集合體驗店，由幸福集薈和馬利畫材首次跨界聯合打造，旨在把馬利的品牌符號和文化價值持續傳遞給城市和年輕一代。

▼ 有大量馬利牌美術用品現貨，顏料色彩繽紛，價格亦算合理。

▲ 彩虹門是大家來到必定打卡的地方。

▼ 品牌「長大後開飛船」單是名字已經充滿創意，衣服走潮流路線，活潑又鮮明。

Kru 位於 M＋馬利正門口轉角，一眼便被它的氛圍感吸引，是間溫馨小店供應各種特色菜品小食，也有酒水和雞尾酒。而且是寵物友善的店家，大家可以和貓貓狗狗一同享受美好時光。

\ 2022 年 1 月 OPEN /

Kru on tap

🏠 靜安區西康路 850 號

🕐 10:00-22:00（室內區域至 23:00）

🚇 地鐵 7 號線昌平路站 5 號口，步行 740 米

▼ 設計帶出淡淡復古味，室外有少量坐位，平日在這跟朋友見面或辦工都不錯！

▼ M+ 園內有大約六七家食肆，逛久了到 Kru 吃個 lunch，不過坐下發現價錢也不便宜，一份雞胸三文治及一杯美式咖啡，盛惠 RMB111。幸好，食物是有質素的！三文治口味豐富，有烘底。

▲ 中庭位置有數個座位，有如一所偌大的咖啡廳。

現所

地 靜安區膠州路 273 弄 60 號
時 10:00~22:00（室內區域至 23:00）
交 地鐵 7 號線昌平路站 5 號口，步行 680 米

「現所」的前身是上海萃眾毛巾廠。現時，現所一、二期是潮人喜歡打卡的地方，每天都有絡繹不絕的遊人來拍照。其實現所一期是一個結合辦公和零售商戶的創意街區，有點像香港石硤尾賽馬會藝術中心和元創方；主體建築共五層，第一、二層是對外開放的零售店舖，三至五層是辦公室，頂樓亦有戶外空間，可以 book 場搞些工作坊或者體驗活動等。

▲ 現所整體空間純白潔淨，設計極致 modern 簡約，加上地理位置在靜安區，不少人閒來打卡拍照。

常常在小紅書上看到「2023魔都必逛街區」、「潮流集中地」等都有現所的名稱，親身來到這裏後，發現好逛的地方不多，但如果行程時間充裕，在去完 M+ 馬利後，徒步或騎車過來（走路也不需半小時）拍拍照是不錯的。

▲1 樓和 2 樓有少量零售店舖，週末人流不算太多。

▼ 現所裏有少量食肆和喝咖啡的地方，Bonica（西班牙小酒館）和 Mikkeller Tasting Room（精釀啤酒館）空間感較大，頗為舒適。

▲ 頂層是可租用的活動空間「匠心」，面積不大，大約可容納 20 至 30 人。也可用來做小型天台市集，很適合小型品牌活動和手作坊。

\ 2023 年 3 月 OPEN /

Freitag

- 📍 靜安區膠州路 319 弄 30 號 12 號樓
- 🕐 週二至週日 12:00~20:00（創意車間開放時間為週四至週六，19:00~20:00）

瑞士環保手袋品牌 Freitag 在 2018 年首進內地，這間位於現所的中國首家直營店於 2023 年 3 月開業，亦是該品牌全球第二家旗艦店。喜歡環保和時尚的話，在參觀現所時，可以順道一遊。

旗艦店是整個獨棟的三層鐵架結構，設計是滿滿的工業風，從外表看來已經極度吸引，店內的設計亦別具有特色，在粗獷當中又見整齊。除了可看到 Freitag 對設計、審美、空間運用的的創意外，更表達出群體概念和環保意識——他們不僅在產品的製作中用上了卡車篷布作為環保生產材料，店舖底層還有修理手袋的工作間。

1 樓的創意車間有大型維修工作區，充分突顯品牌「基於循環進行思考並行動」的理念。2 樓和 3 樓是零售商店，一入內便被整齊的排列吸引，陳列着的產品一格一格的，整體氛圍充滿瑞士氣息。

人和館
（靜安寺店）

地 靜安區愚園路 142 號 1 樓麵館、3 樓本幫菜

時 11:00~14:00；16:30~21:30

交 地鐵 2/7/14 號線靜安寺站 2 號口，步行 140 米

大眾點評靜安區本幫江浙菜熱門榜第 1 名

「人和館」是其中一家我最喜歡帶香港朋友來的米芝蓮上海菜館，每次吃完收到的評價都很高，從不踩雷。不只深受遊客喜愛，當地人也喜歡光顧的人和館，在鬧市靜安寺旁開了新店，除了餐館，靜安店的人和館還連着麵館！著名的刀魚麵、蟹粉麵、黃魚麵、大腸麵等，選擇多到想像不到，而且價錢合理。

▲ 大眾點評中購買單人蟹粉黃魚麵套餐（RMB108），蟹粉看來非常吸引，再加一隻醉蟹都只是 RMB48，十分推薦！一口吃下去蟹粉衝擊味蕾，魚肉亦很鮮嫩，不愧是米芝蓮團隊出品。

▲ 麵館特別之處就是門口有小吃包點，可謂真正了解遊客需求，正餐、快吃、小吃一應俱全。

▲ 溫馨提示：店面不大且長期需要排隊，所以一定要訂位或預先排隊。現場拿票的話有心理準備等待超過 1 小時，可先拿票，再到旁邊靜安寺逛逛。

遇見博物館
Meet You Museum

地 靜安區汶水路 210 號靜安新業坊園區

時 週二至四 10:00~18:30；週五 10:00~19:00；週六至日 09:30~18:00

交 地鐵 1 號線汶水路站 3 號口，步行 640 米

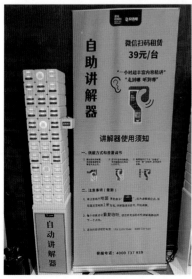

共到訪這家博物館三次，第一次看梵高展覽，體驗極佳，所以再去打卡〈遇見古蜀〉，感受三星堆文化的震撼。展覽以高科技數碼方式如 3D 光雕、影像互動等呈現傳統文化，約花兩小時參觀。

遇見博物館品牌隸屬北京中創文旅文化產業集團，與逾百家不同文化機構合作，包括英國曼徹斯特博物館、西班牙馬拉加畢加索博物館等，看到這個背景，就知道展覽質素有相當的保證。它在全中國設有六座國際認證標準、具備恆溫恆濕環境控制系統及無紫外線照明系統的場館，分別坐落於北京、上海、成都、南京和杭州。

▲「三刷」遇見博物館，參觀的是法國畫家莫奈的展覽。展覽最後的光影藝術讓人完全沉浸在在莫奈的藝術世界，效果震撼人心。

上海靜安館在 2021 年尾開館，已舉辦了數個大型展覽。內地近年非常流行「沉浸式體驗」，因此不論是文化遺產保育或藝術教育，遇見博物館都設計了極具體驗感的光影藝術展。館內各場館或有不同展覽同時進行，門票並不相通。週末假日門票 RMB78 至 158 不等，平日有優惠；在大眾點評上則有親子和雙人票。參觀前可在遇見博物館小程序或大眾點評先買票，到場後在 1 樓取票。除了展覽，館內還有咖啡廳和紀念品出售。

◄ 想更了解展覽內容和歷史，可以租借自助講解器，RMB39 一台，不限時使用。

MAP

蘇州河
北橫通道
內環高架路
上海地鐵3號線
上海地鐵4號線
Manner Coffee
中山公園
蘇屋頂花園
蟹先生
DOHO創意園區
大富貴酒樓
老上海記憶雞蛋餅
蓮餐廳
烏安
龍之夢城市生活中心
錦江大廚
上海消防博物館
中山公園
兆豐廣場
隱溪茶館
Fullup
長寧路
古一莊園·手沖咖啡
King大志烤肉
永和大王
婁山關路
長寧來福士
安化路
虹橋假日廣場
上海地鐵2號線
萬樂青年旅舍
虹橋美侖美居酒店
定西路
海友酒店
全季酒店
武夷路
自由體咖啡
花之舞
上海藝術品博物館
少山集
朴貳當家
瑞幸咖啡
天山公園
延安西路
海粟文化廣場
海粟綠地
劉海粟美術館
延安高架路
鮨金蘭
橋咖啡
大骨牛肉湯麵
裕邸精品旅店
後院本幫
景萊酒店
法華鎮路
Boss Loung茶館
小菜一碟
新華路
BOTA Bar
Whale Inn鯨飲
賴胖子肉蟹煲
上海地鐵13號線
祁連山南路
漢庭酒店
吉祥餛飩
蘇州河
同普路
祁連山南路
Red Haus Coffee
挪瓦咖啡
福泉北路
熊爪咖啡
瑞幸咖啡
和頤酒店
北翟路
建滔諾富特酒店
瑞幸咖啡
松鶴樓麵館
淞虹路
凌空SOHO
東華大學科技園
未也集茶館
劍河路
淞虹路
上海地鐵2號線

❶ 聞雲無敵錘子．老火鍋 ❷ 上生．新所 ❸ 阿納迪酒店．衡悅心舍
❹ 愚園路 City Walk ❺ 武夷 MIX320

Murben

三角關夕
Onita
愚園公共市集
Grinder絞肉機漢堡

5

愚園路 8
電台咖啡

2
3

Sabrina
Mandrill
愚園路

4

Akimbo
Cafe

7

6 1
4

江蘇路

濟州
四季

福1039

福和慧

PADO

上海地鐵11號線

萬光
青年旅社

Cafe OnAir

安西路

如家酒店
Neo

璞源茶舍

昭化路

如家酒店

Barque
八口餐酒館

風潮順

和頤至尊酒店

圍子老菜

2

番禺路

金地新華道

KFC

科倫酒店

上海交通大學
(法華校區)

華山綠地

申宴酒樓

南鴿餐廳

捌福樓

M2FCafe
五觀堂素食

銀星皇冠
假日酒店

The Tipsy
Fiddler

Site

Villa Le
Bec321

吉呈麵館

一尺花園

Scilla

上海地鐵10號線

長寧區

長寧區是上海市的一個交通樞紐，位於上海中心城區西部，面積約 38 平方公里。近年，長寧區的發展迅速，區內建成了很多新的商業大廈，亦有上海動物園和上海中山公園等休閒設施。

旅遊方面，區內共有 121 處列入保護單位名單的優秀歷史建築，共計約 400 棟，當中有些古建築在近年進行了翻新爆改，如上生新所、武夷 MIX320，還有人氣的 city walk 路線愚園路，都屬長寧區。

一日遊建議路線

- 愚園路歷史名人牆 ▶ 武夷 MIX320 ▶ 上生新所 ▶ 閒雲無敵錘子・老火鍋

- 阿納迪酒店 - 衡悅心舍（可以另外逗留一天或大半天）

交通方式

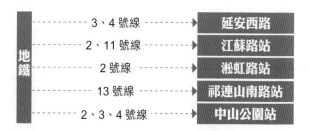

地鐵	3、4 號線	延安西路
	2、11 號線	江蘇路站
	2 號線	淞虹路站
	13 號線	祁連山南路站
	2、3、4 號線	中山公園站

2023 年 6 月 OPEN

閒雲無敵錘子·老火鍋

地 長寧區定西路 1100 號遼油大廈 1 樓

時 11:00~02:00

交 地鐵 3/4 號線延安西路站 1 號口，步行 1,000 米

見到取名如此特別，而且一直有朋友推薦的火鍋店，在入冬以後只有 10℃ 以下的上海，誰不想來感受熱氣騰騰的火爐和砂鍋裏翻滾金湯的香氣？

▲ 門口擺放着一些新鮮的海鮮，飲品選擇亦非常多，點了一個四人餐（RMB378），16 款食材，包括基圍蝦、鵝腸、雪花上腦、牛小排等，豐富得太驚喜。

首先是環境，竹椅子、小木桌，國風美學夾雜着市井煙火，有點**回到古代**的感覺，的確是別有一番風味。週五晚上，即使還未到晚上 6:00 已於上網排隊，仍然等了超過一小時，到 7:15 才入座。可見這一家火鍋實在非常受歡迎。想來的朋友們，記得記得記得在大眾點評中有排隊一欄，看着排隊情況再安排。

▲ 這杯超超長檸檬茶團購價不到 RMB10，還要是真材實料的。

▲ 炭爐打邊爐在冬天是非常有氣氛的，大家圍爐取暖聊天，非常愉快！

▲ 鮮切吊龍，是我們額外點的，新鮮的牛肉色澤紅潤，紋理清晰、掛盤不倒，推薦為必吃品。

▲ 現場還有 live 唱歌表演，四個人晚餐人均大概 RMB100，這個價錢吃得飽肚滿足，只能説一句「實在太超值」！

上生·新所

第二期 2023 年 4 月 OPEN

地 長寧區延安西路 1262 號

時 09:00~23:00

交 地鐵 3/4 號線延安西路站 2 號口，步行約 1,100 米。

▲ 海軍俱樂部充滿歐式風情的泳池，在陽光下水面波光粼粼，第一眼看到，眼前一亮，整個氛圍甚有摩洛哥風情。

泳池兩側佈滿西餐和咖啡店，Lenbach Poolside（設計為熱帶海島風，最大特色是其米芝蓮大廚研發的手工自製 gelato），Lenbach Anfora（賣點是主理大廚是首位在意大利摘取米芝蓮稱號的華人主廚，同時也是葡萄酒專家），Casa Baja（資深西班牙主廚操刀的精品西班牙餐廳）等各有賣點，每個週末都吸引到不少人在泳池邊用餐。而泳池旁邊的二樓觀景台上，也有些特色商舖。

上生·新所坐落於新華路歷史風貌區，前身是哥倫比亞鄉村俱樂部（Columbia Circle），建於 1920 年代，以西班牙建築風格為主，是當時政要與僑民的體育活動和社交聚會的場所。在上世紀五六十年代上海生物研究所遷址於此，名為「上生所」。在其遷出後，萬科集團於 2016 年把這個區域生活化，保留了哥倫比亞圈以及上生所廠房式建築，引進了不少新商店，改造後成為一個公共開放空間，裏面有西餐廳、咖啡店、書店、品牌店等，還會不定期舉辦展覽活動，最厲害的是還會有音樂劇演出！

◀ 室外空間感強，旁邊有條藝術小徑，周圍都綠化了，令走過的人忍不住看看。不論是遊客或上海居民，若在市區相約朋友，我是極度推薦上生·新所的！這裏比大型商場開揚，也可在旁參觀鄔達克的孫科別墅和鄔達克舊居，唯一的缺點是從地鐵站走路過來有點遠，建議可以騎共享單車或直接打車。

蔦屋書店（上生‧新所 7 號樓）

🕙 10:00~22:00

蔦屋書店是來自是日本東京代官山的 Tsutaya 書店，上生‧新所店是它們在上海首間分店，原址是哥倫比亞鄉村總會，文藝復興風格的老建築改造後既具有歷史氣味又有簇新設計，實在充滿歷史質感，室內佔地 1,000 平方米左右，保留了老建築的柯林斯柱。

◄ 書店內有大量原版書籍、雜誌、古書，也有藝術展區和咖啡室。咖啡是上海每家大型書店的標配，自從在上海生活後，每天兩杯以上的咖啡也作為了我的標配。

▲ 精品充滿日本風情，精緻美觀。

▲ 這裏燈光設計滿分，一入內感覺很和暖，有種戀戀不捨的感覺。

Nineteen Forty（上生·新所 19 號樓）

🕐 10:00~22:00

線下首店在 10 月開店，門店集單車零售、車輛改裝維修、餐飲及生活方式體驗空間為一體，展示了不同的單車和零件，相信是單車愛好者天堂；即使本人不會騎單車，也忍不住入內參觀，室內用餐的地方充滿慵懶感，配搭色彩繽紛的單車，實在很時尚。不得不說，在上海不時都會出現一個煩惱，就是有太多絕美的餐廳，對選擇困難者來說甚有挑戰。

Coffea SHED 咖啡大棚
（上生·新所 3 號樓）

🕐 11:00~21:00

從上生·新所西安路門口進來就能看到 Coffea SHED 咖啡大棚。店面視野非常開揚，說是咖啡店，着實是一間綜合店。Coffea 是咖啡的植物學名；SHED 則「棚」的意思，從棚的概念出發，形成一個開放和多元的空間，容納不同人、事、物的交錯、相遇和聚集。

▲ 室內沒有甚麼座位，但有不同類型的產品販賣。這裏的咖啡豆都有故事，豆的名稱是根據產地的主人名或組織命名。

一踏進來，一陣「環保風」撲面而至，從門口到室內滿眼都是綠植，穿插在不同區域。這裏有空間留給了可持續農業，而且很多商品都會附上生產者的圖片加上產品說明，讓人迅速與遠方的生產者產生連繫。

◄ 店內很多戶外出行和旅行的裝置，有服飾、包袋、器具，在這裏準備戶外旅行是個不錯的選擇。

孫科別墅

🕐 10:00~16:00

上生·新所內有三棟**百年建築**，其中孫科別墅建築風格很有氣派和特色，位於哥倫比亞鄉村俱樂部附近，約 10 米的步行距離。這裏曾是孫中山先生之子孫科的舊居，建於 1931 年，為世界著名建築設計師鄔達克設計。此建築佔地約 8,000 平方米，是以西班牙與意大利文藝復興風格為主的混合建築。外牆簡潔，具有西方現代派代表建築的氣派；宅前為中國式庭院，於 1989 年被列為上海市優秀歷史建築。

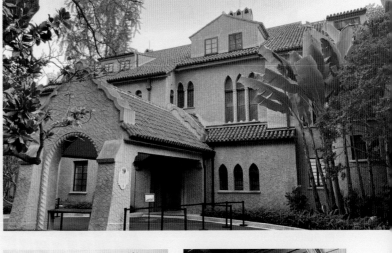

➤ 在 2020 年 11 月之前，孫科別墅一直不對外開放。

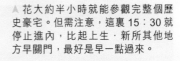

▲ 花大約半小時就能參觀完整個歷史豪宅。但需注意，這裏 15：30 就停止進內，比起上生·新所其他地方早關門，最好是早一點過來。

🌿 附加參觀：
鄔達克紀念館
📍 長寧區番禺路 129 號
🕐 10:00~16:00

在上生·新所附近，步行大約 10 分鐘會到達鄔達克紀念館和舊居，裏面展示了許多珍貴史料，全方位的介紹了鄔達克生平和在上海創造的成就。

2022 年 2 月
OPEN

阿納迪酒店
·衡悅心舍

地 長寧區臨虹路 7 號
時 10:00~00:00
交 最近地鐵站是 13 號線祁連山
南路站或 2 號線淞虹路站

這個名字改得實在貼切，每次來酒店衡悅心舍我的確感覺到心情平衡愉悅。門店在阿納迪酒店裏面，面積 6,000 平方米，可容納多達 400 人。上海阿納迪是全球奢華立鼎世集團 LHW 的成員之一，是一所關注身心靈與及療養式的酒店，以古印度「阿育伏陀」為養生理念和主題，舉辦各類放鬆療養課程或工作坊。

來上海旅遊或者出差，除了網紅打卡點和不斷吃吃吃以外，當然要體驗一些特別的項目，例如做 Spa。在上海嘗試過不同的 Spa，這裏仍然是我的首選，不論是一個人、情侶，或是和家人小孩一同前來，這裏都是一個非常好的選擇，建議計劃出行時可以選擇住在他們家酒店，或者花一天時間來充分享受。

▲ 這裏每天都有各類放鬆療養課程或工作坊，包括瑜伽、芳香音療，也可以做 Spa 和按摩。

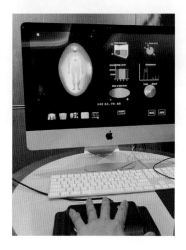

▲ 需要提早預約，有專人加你微信為你服務，安排課程等等。來之前會在小程序做一個簡單的體質測試，到達後專人會為你遞上合適的養生茶，和安排做一個脈輪氣場分析。

▲ 工作日一般入場的話門票 RMB200 多，還有其他不同項目包括按摩、足浴、包餐飲等套票，價錢 RMB300~1000 不等。阿納迪酒店住客免費參加課程，還有小紀念品。

▲ 設備方面更加是應有盡有，除了泳池和減壓池，他們還有三大熱療房：喜馬拉雅鹽屋、玉石瑪瑙屋、靈芝人蔘屋，而且這裏一樓休息區有水果、飲品、咖啡、甚至雞尾酒等免費供應。

◀ 心舍有着五星級酒店的標準，無論是更衣室還是湯池服務都是非常好的。最為欣賞這個槳板瑜伽，每組不多於八個人，導師可以照顧到不同程度的學員。

愚園路 City Walk

地 長寧區愚園路

時 09:00~23:00

交 地鐵 2/11 號線江蘇路站 7 號
出口

2023 年上海市最受歡迎 city walk 景點之一，愚園路必定入榜！近年在這街區更新的小店和小餐館非常多，而且因着這一帶的佈置和氣氛在節日裏亦是個人氣的景點。在上海，放假不想呆在家，又不想花太多錢逛商場的話，選擇 city walk 或 city ride ，三兩知己到處逛逛拍照，是時下年輕人熱衷的活動。

▲City walk 路線可從江蘇路站 7 號出口開始，走上地面一眼就能看到 2023 年剛開業的電台咖啡（愚園路 984 號），是一間復古風滿滿的咖啡店。

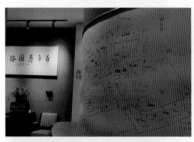

愚園路是藏在上海繁華都市中歷史悠久的街道，從江蘇路地鐵站出發，沿愚園路南行，有許多英式、法式、西班牙式等不同風格又具有歷史價值的建築將夾道歡迎你。愚園路橫跨靜安、長寧兩區，有如安福路一樣，這幾年突然開了很多有趣而且極上鏡的餐廳和店舖，使得很多年輕人被吸引來打卡消費。

在電台咖啡和 Akimbo Café 兩家咖啡店打卡後繼續向前行，右轉入 1088 弄，就會來到一條充滿活力的巷子，新餐廳從 2021 年左右在這裏陸續開業，每家都有鮮明的個性，整條路色彩繽紛，每天都有很多人來打卡。

◀Akimbo Café，又是一間愚園路有的特色咖啡館。

愚園公共市集

地 長寧區愚園路 1088 弄

時 09:00~17:00

交 地鐵 2 號線江蘇路站 7 號出口

大眾點評上海集市好評榜第 1 名

於愚園路 1088 宏業花園內，
前身是一所醫藥職工大學，
地下（這裏叫 1 樓）全是小
紅書很火的餐廳，西式、日
式、泰式都有。上到 2 樓頗
有特色，有小型舞蹈和藝術
中心，亦有年輕品牌進駐。

▲ 這間叫安古萊姆的小店也有不少
有趣精品。

▲ 在 2 樓的這個彩虹通道設計十分搶眼，很適合來打卡。

▲ 公共市集大樓的門口有點像香港的小市場，入內映入眼簾的是傳統理髮屋、裁縫舖，很有舊屋村商場氣息。

除了公共市集這一帶能讓你瘋狂拍照外，愚園路還有 60 棟優秀歷史建築、11 處文物保護單位和非常多設計具特色的咖啡店及餐廳，建議可花半天在這邊，精選一間餐廳吃個 brunch 和朋友家人聊聊天，然後花兩小時沿着愚園路走走逛逛，再找一家心儀的餐廳晚膳。

Grinder 絞肉機漢堡

🏠 愚園路 1088 弄 48 號 101

🕐 11:00~21:00

愚園公共市集這一帶地下之所以成為 city walk 的重點推薦，主要是因為每間餐廳的設計都彷彿是為了打卡拍照而生的。例如這家絞肉機漢堡店有小胖子在門口做招徠，非常搶眼！店面不大，佈置走精緻懷舊風，一個經典芝士牛肉漢堡售價 RMB48，套餐 RMB58，價錢還可接受。

三角關夕

🏠 愚園路 1088 弄 48 號 107-1

🕐 10:30~22:30

多走兩步來到三角關夕，門面設計簡直是讓人秒達日本！三角關夕主打是關東煮，這個性價比不高，但是，是好吃的！平日單人午市餐有 RMB48 和 RMB68 比較化算。吃晚飯的話通常要等位，但在冬天來暖暖的一鍋，和朋友小酌一杯身心皆暖。

Onita

🏠 愚園路 1088 弄 48 號 103
🕐 11:00~22:00

這家是熊啤啤在門口招徠，看見頭耷耷的啤啤，路過的少女都忍不住上前和它合照，商家實在太聰明，這樣就得到一波又一波的宣傳，使其成為開業以來一直是非常熱門的 brunch 店。除了門面吸睛。進店也即被暖色調的溫馨氛圍吸引。

在上海吃飯會養成懶惰的習慣，就是喜歡打開大眾點評看看有沒有套餐，沒有不喜歡的菜式一般都買套餐或買券。Onita 的選擇算是多，有 brunch 有 set，喜歡牛排的有澳洲 M5 和牛肉眼牛排 set（RMB520），實惠一點也可以來個雙人餐（RMB298）。

▲ 沙律是芒果大蝦藜麥沙律，大蝦和水果都新鮮。

▶ 環境、食物加服務質素都不錯，以上海熱門遊點來說，性價比還是可以的，值得來試試。

◀ 主菜之一選了慢燉牛勒條肉燴飯，讚一讚這個牛肋條非常入味易咬。

▲ 第二道主菜選了秘制香料烤雞，味道合格，雞肉嫩口，配菜也不錯，整個餐份量足夠兩人用，還包鮮果汁兩杯。

武夷 MIX320

地 長寧區武夷路 320 弄 304 號

時 09:00~23:00

交 地鐵 2/3/4 號線中山公園站 8
號口，步行 870 米

▲ 這裏有特色酒館，吃飽晚飯想喝一杯的話十分方便。

🏃 大眾點評中山公園 / 江蘇路商場好評榜第 2 名

武夷路是上海 64 條永不拓寬的馬路之一，從 1925 年開闢築路至今，已有**近一百年歷史**。武夷路 MIX320 是位於延安路附近的老菜市場的改造項目，由原美加樂農貿市場和江蘇路街道社區衛生中心共同構成。2021 年完成改造，對附近居民來說簡直是耳目一新，該片區域花園洋房林立，而商業形態多為開放式街區，大部分為餐飲店，可以購物的地方不多，建築面積大約 6,000 平方米，旁邊亦有個菜市場。

▲ 這裏地方不大，卻有差不多 20 家餐飲食肆，而且每一家都很有特色。

Woosa 唔仁飯局 · 鮮啤 30 公里

地 武夷 MIX 320 A107~108 室
時 12:00~23:00

這家坐落武夷 Mix 320 地下最盡頭的小酒館，我在遠遠已經被它展示的啤酒吸引。上海的冬季 12 月至 2 月都很冷，香港人未必太適應在戶外吃飯；踏入四五月天氣暖和起來，在戶外來個微醺小酒局，和三五知己吃吃喝喝，不亦樂乎。店名「Woosa 唔仁飯局 · 鮮啤 30 公里」為甚麼是 30？店員説，因為啤酒從上海佘山特別運過來，運送路程就是 30 公里。啤酒之外，這裏還有一系列創意酒，和朋友約在這邊小酌，真寫意。

▲ 貪心想多試幾款，但又酒量不好，因此點了 30 公里迷你精釀品鑑（RMB29.9）：三杯不同味道的鮮活酵母全麥芽釀造啤酒：楊梅小麥、德式小麥、青柚小麥。楊梅和青柚果味超級香，很容易入口，不過較甜，喜歡啤酒味的可以揀德式小麥。不同口味啤酒 250ml 價錢 RMB 28~58 不等，創意 Cocktail 一律 RMB68。

▲ 餐酒館門外的「打酒站」十分吸睛。

▲ 唔仁和牛滷肉飯、蘿蔔和牛燉（一人套餐 RMB98）：這個滷肉沒有傳統滷肉飯的那種肥膩，反而顯得清爽，配菜也把味道中和得很好。和牛燉肉質很嫩，湯微甜，非常適合送飯。

▲ 主打台灣菜，較受歡迎的菜品包括：松花蛋、炸雞腳筋、滷味三拼、三杯雞、鳳梨苦瓜湯。

M A P

① 上海 LOVE@ 大都會　② 大洋晶典・天安千樹　③ 鴻壽坊　④ 中海環宇城 MAX
⑤ 上海信泰中心　⑥ 環球港世界港口小鎮

普陀區

位於上海市中心區西北部的普陀區，接壤寶山區、靜安區、長寧區與嘉定區。近代，普陀區是上海市中心區中經濟發展最慢的行政區，但後來隨着上海市政府將普陀區真如鎮街道規劃為上海市區第四大副中心，經濟建設速度正不斷加快，疫情開放後更不斷有大型商場落成。

普陀的著名景點有真如寺、玉佛寺以及長風公園等，新落成的商場包括大洋晶典・天安千樹、鴻壽坊、中海環宇城 MAX、上海 LOVE@ 大都會、上海信泰中心商場等。

一日遊建議路線

大洋晶典・天安千樹 ▶ M50 創意園 ▶ 中海環宇城 MAX ▶ 上海 LOVE@ 大都會 ▶ 真如寺 ▶ 真如古鎮 ▶ 上海信泰中心商場

交通方式

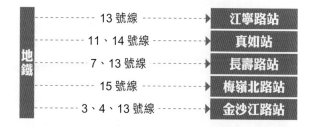

地鐵		
	13 號線	江寧路站
	11、14 號線	真如站
	7、13 號線	長壽路站
	15 號線	梅嶺北路站
	3、4、13 號線	金沙江路站

上海 LOVE@ 大都會

2024年1月 OPEN

地 普陀區曹楊路 1518 號
時 10:00~22:00
交 地鐵 11/14 號線真如站 1 號口

▲ 商場走少女浪漫風。

走過真如見到很多**大型商場**準備就緒，在 2023 年下旬陸續開業。連接在上海大都會海逸酒店的 LOVE@ 大都會，佔地約 220,000 平方米，對外街的餐廳大都已經在 2023 年下旬開業，到 2024 年就全面開放。昔日銅川路水產市場搖身一變，成為新建商場，很多附近的居民都引頸翹望，當中包括住在普陀的本人。因為地下商業面積佔約 77%，故此餐廳店舖比較分散。這個商場連接旁邊復悦薈和中海寰宇城 Max，只能説在真如這一帶的居民和上班一族實在太幸福了。

盒馬 X 會員店（真如店）

地 LOVE@ 大都會 B1 層
時 09:00~22:00

在上海封城那段期間，基本上所有人都是倚靠大家合力團購和線上買東西吃，這種習慣在疫情之後還持續，在內地生活叫外賣和線上超市送貨的速度實在是無可挑剔，下單一小時內就送到家。但是逛超市似乎是一種習慣和興趣，線下盒馬像個小貨倉，把你所需要的東西都掃回家，是另外一種樂趣。

▲ 零食份量適合一家大小。

▲ 他們還有很多熟食，出品不錯，有時在家懶得外出，上盒馬 app 買餸之餘還順便買一些煮好的海鮮，自己手也不用動。試食了這個蟹皇醬，配麵一流，立即加購。

新旺茶餐廳

地 普陀區曹楊路 1626 號 L113 鋪

時 10:00~21:30

記得我在 2022 年 7 月剛落地上海生活的時候，一個在上海生活了 11 年的香港閨蜜立即帶我去吃新旺，她説這是上海最好吃的港式茶餐廳，當時我抱着一試心態，嗯，又真的是很不錯喔！其實在滬有不少港人長居，而上海也有很多人喜歡吃茶餐廳，回想十多年前來旅遊，那時候茶餐廳做得不夠「港味」，但是現在的出品都已經比較貼近香港味道了。

▲ 上海到處都可以見到新旺茶餐廳，差不多每次來我都非常專一地點車仔麵，皆因我真的非常喜歡吃車仔麵，尤其喜歡魚湯。在 LOVE@ 大都會新店叫了個泰式乾煎青刁魚（RMB58）和車仔麵（淨餸）：魚湯、鯪魚肉釀茄子、芥蘭、蘿蔔、牛筋腩。在大眾點評打卡加送了雪梨銀耳，一餐共 RMB109，是溫暖的一餐。

▲ 其實這裏的燒味和炒菜都不錯。各位香港朋友，在上海的很多景點都會見到新旺，想簡單食個炒菜、食碗車仔麵的話，可以放心一試。

阿潤傳統打邊爐

🏠 普陀區曹楊路 1710 號

🕐 01:00~14:00；17:00~22:30

雖然上海算在南方，但是冬天也可以凍至零下，對於習慣溫暖天氣的港人來説，冬天來個牛腩煲或羊腩煲實在是幸福和溫暖的標配。

這家**牛腩煲**位於 Love@ 大都會近主路，一開業即時受到附近居民追捧，返單不斷，我趁着入冬氣溫驟降，立即來試試！可以選擇牛腩、牛雜或羊腩煲，炭爐風味非常 like，配料選擇不算多，但上菜速度很快，這點加分。

▲ 舖位不大可坐 50 人左右。食肆這回事，主要靠口碑，聽説才開業不久已經獲一致好評。

▼ 強烈推薦檸檬茶。

▲ 湯底不算非常重口味，牛肉炆得很腍，蘿蔔亦不錯，若然不夠重口味，可以自己加調味。單拖清一鍋，今餐消費 RMB180。

大洋晶典·天安千樹

地 普陀區長壽路街道莫干山路 600 號

時 10:00~22:00

交 地鐵 13 號線江寧路站 1 號口，步行約 500 米

坐落於蘇州河畔的這個商場非常有辨識度，其**巨型山形建築**，奇特雄偉，遠處看來千樹有點像古巴比倫空中花園，在 2021 年第一期揭開帷幕的時候，立即引起業內哄動。

鬼才設計師 Thomas Heatherwick 通過奇思妙想，把獨特的景觀露台和採光天井，與綠色植物巧妙地融合交織，令它們看似大小不一的「樹」，又將之層疊如巨型的山，讓顧客恍似置身在叢林之中。其設計的靈感來自中國山水園林，理念是建成後可與周邊原來的公園形成「合理延續，又出乎意料」的關係。項目一期完工已經完全開放，而其他也準備就緒，相信開放之後整片千樹區域，應該更加震撼。

▲2022 年 10 月，大洋晶典·天安千樹榮獲「RICS 中國獎」年度建造項目冠軍。

Heatherwick 在紐約也有一個千樹 little Island 的設計，坐落在紐約曼克頓西則 Hudson River Park 約 13 街的位置，是一個免費開放給公眾的公園。雖然這種千樹的獨特設計毀譽參半，受到很多網民吐槽，但現場觀看我是非常欣賞這個採光設計，整個商場的餐廳坐下來也很舒服，1 樓的餐廳都有戶外座位，直接對着蘇州河。而且，商場距離上海市中心只有大概 20 分鐘的車程，又鄰近 M50 創意園，建議找半天過來感受一下千樹的震撼！

▲ 從商場組合來看，內部經營類別還未算很豐富，主要餐飲為主，有少量可以 shopping 的店舖，玩樂類別比較少。我每次來都是約朋友吃 brunch 或晚飯，又或者帶外地來的朋友在蘇州河畔拍拍照。

▲ 我有吃飽飯逛超市的習慣，在上海也喜歡到商場的超市走走。天安千樹最底層有 ALDI 奧樂齊超市。

▶ 很多人誤以為在上海線下高級一點的超市一定是高消費，其實不一定，這裏 Perrier 有氣水只售 RMB5.5，一盒提子也只是 RMB15.9。

Chuu

🏠 天安千樹 1 樓 L25-26 號

這間韓國的「網紅少女潮牌」在 2022 年疫情期間登陸上海，不但沒有受疫情影響，而且迅速擴張至超過 15 間線下店。他們目標用戶鎖定在 18 到 35 歲，定位是可愛又不失性感，甜酷辣妹風，背心定價在百多至數百人民幣，外套價格在 RMB700 以上，走中檔路線，但捧場的粉絲還是一大堆，目測天安店人流較少，不用排隊，可以來看看。

Charlie Town 紅茶公司

🅰 天安千樹 1 樓 2 層 W-07 號

Charlie Town 紅茶公司創立於 2021 年，單是無色素、無防腐劑、無奶精已經贏得一批注重健康的粉絲支持。名為紅茶公司，對於茶底亦非常講究，只選用英國豪門伯爵、南非香草博士、東印度阿薩姆、斯里蘭卡雲頂錫蘭、中國崇安正山小種，具有香濃茶味。店面設計亦非常高級，個人來說非常推薦，不過通常排隊要一段時間。

\ 2022 年 1 月 OPEN /

Lokal

🅰 天安千樹 1 樓 L1（manner coffee 旁）

🕙 09:00~22:00

週末晚了起床，過來食個 branch 最適合不過。Lokal 是 Wagas 集團其下的餐廳，秉承「健康與力量」的經營理念，把每道菜的原料詳細寫在菜單裏。烘焙是其暢銷品，麵包香脆，在這邊逛街路過吃個麵包，飲杯咖啡，不錯！

▲ 牛排 Brunch（RMB118）：

牛扒口感不錯，Juicy 入味，最欣賞麥包，裏面的芝士非常濃郁，加上新鮮生果。這個餐有豐富蛋白質、合理的碳水、亦有不同的纖維，是營養均衡之選。

➤ 1 樓的一排餐廳都有戶外座位，前面就是蘇州河畔，且有很多大樹圍繞，氛圍感非常好。剛好帶香港來旅遊的朋友到這邊，直呼這樣的下午實在太舒服了！

漁哥·湛江

地 天安千樹 6 樓
時 11:00~22:00

點了二人餐，服務員姐姐一直說兩個人怕我們吃不完，心想：「有冇咁多？」上菜一刻份量的確有點驚喜，小菜有湛江小蔥、湛江蠔仔、冬瓜海蛤湯；主菜有小黃魚、大豆芽韭菜炒海蜇皮、湛江蛤蔞飯，還有蒜蓉番薯葉。不得不說海鮮真的不錯，小菜幾碟味道很好，加上餐廳環境乾淨，難怪會入選 2024 米芝蓮推薦餐廳。

▲ 湛江小蔥：這個驟眼睇似韭菜，吃下去原來是蔥！好吃算不上，感覺頗特別。

▲ 晚餐消費 RMB248，服務員姐姐沒有誇張，性價比真的很高。

▲ 菜式味道不錯，其中湛江蠔仔非常肥美，芥末味入口剛剛好。

M50 創意園

🏠 普陀區莫干山路 50 號
🕐 08:00~22:00
🚇 地鐵 13 號線江寧路站

來上海想逛點文青藝術點，時間卻有點緊？蘇州河畔 M50 創意園可以滿足你，就算一天逛 20 個展都沒有問題。上海文化創意藝術的發展非常蓬勃，各區都有不同的創意園。坐落在莫干山路，在天安千樹附近（約 8 分鐘路程）的 M50 則是老牌文創園，前身是一個紡織廠，最早期由一群熱愛藝術的創作者在這裏從事藝術創作和舉辦臨展，後來越來越多志同道合的藝術家和畫廊加入，現在有多達 50 個藝術工作室和畫廊在這裏，成為一個曾被《時代周刊》稱作「上海時尚地標」的區域。

▲ 到天安千樹的朋友，千萬不是錯過 M50，這裏每天都有大大小小的臨展。

▼ 大大小小的藝術中心，可以給你帶來不同的視覺衝擊。

▲ 園區保留了一些原廠建築，是真實工業藝術風。小小的園區裏面有大大小小 30 多個展覽場地，匯聚了眾多藝術家、設計師和創作工作室。

2023年9月 OPEN

鴻壽坊

地　普陀區新會路 236 弄

交　地鐵 7/13 號線長壽路站

▲ 鴻壽坊主要是餐飲場所，包括意大利菜、跨界日料的 Sando、三川上 Chuan、創新麻辣燙品牌等首店。

🏃 大眾點評長壽路商場好評榜第 2 名

商業面積只有 1.5 萬平方米，瑞安房地產開發的鴻壽坊於 2023 年秋天為整個普陀區居民帶來了驚喜。原址始建於 1933 年，新裝還原魚骨狀態肌理石庫門的里弄結構，修復原本舊建築風貌，並採用環保低能源，以及通風天窗等設計，使整個空間開合有致。整體風格是**迷你版的新天地**，不打算在這邊飲飲食食的話，不足一小時就能逛完。

▲ 中心有個像集市的，是創新美食文化體驗品牌 food Social3.0 - 同秀坊食集，這裏面積不大，但可滿足圈內消費者的日常飲食和社交需求，成功打造了一處極具煙火氣的「日咖夜酒、全日供應」社區生活場景。

▶ 在文化保育這方面，是真的欣賞上海，不少新商業體都力保以往的結構和風味，在新潮流中顯出對古蹟的尊重。在這小巷間行走有點走古道的感覺。

◀ 愛的獲客香氛急市——嗯,有點特別的名字,原來是一家買香薰、蠟燭等精品的店,別看店名奇特,產品設計很有創意。

\ 2023 年 9 月 OPEN /

本草小匠養生熟水

🅖 鴻壽坊食集 1 樓
🕙 09:00~23:00

六紅七物暖身湯

▲ ▶ 這個六紅七物暖身湯,冬天過來一定會試。

來的時候喉嚨很乾,咖啡喝多了,還是要用食療調理調理。上海甚少涼茶舖,自己在家燉雪梨又略嫌麻煩,走過這間店,店員聽到我聲啞啞,便推薦了這一款 10 年陳皮燉雪梨。一杯下來(RMB26),原本有點期待喝下去像糖水,結果,很好!只有天然的雪梨和紅棗味,沒有添加過多的糖,陳皮散出淡淡的香氣,喝一杯的確舒服。

潮桔桔

🏠 鴻壽坊食集 2 樓
🕐 09:00~23:00

又到飯點，如果沒有約的話，在商場「搵食」我通常都比較隨心，也不太會預先做很多攻略看太多評論，而因為本人極不喜歡排隊，所以晚餐吃甚麼有時真的很隨緣。當日在鴻壽坊逛了一圈，雖然近八成店舖已營業，仍沒甚麼特別

▶ 晚餐不吃主食，點了潮汕沙茶魚三寶（RMB35）、撈汁小海鮮（RMB36）和蝦油菜脯豆角（RMB12），一人份剛剛好；份量來説不算特別驚喜，但味道還算可以。魚三寶湯很濃，味道不過不失，最正係蘿蔔，非常入味！豆角是涼菜，量不多，只夠一個人吃。撈汁小海鮮是潮汕名菜，潮桔桔這個撈汁味道容易入口，少許清甜。整體來説，沒有太大驚喜，但絕對合格。

想吃的。看到潮桔桔，想到有段時間沒有吃潮汕菜，便試試……又唔錯喎！經驗所得就是——在上海想不到吃甚麼就走入連鎖店，食物出品基本上都有保障。

▲ 有個外賣小食堂茶咖站，設計出一股市井風味，和這裏的格調很是一致。

2023 年 12 月
OPEN

中海環宇城 MAX

地 普陀區銅川路 699 弄 1 號
時 10:00~22:00
交 地鐵 11/14 號線真如站 2 號口，步行 700 米

大眾點評上海商場熱門榜第 1 名

2023 年歲末之際上海普陀真如區迎來了一個**巨無霸級別商場**——中海環宇城 Max，為滬西北商業沙漠中迎來了一汪甘泉。整個項目就在地鐵真如站上蓋，有 32 萬平方米超大空間，引進了超過 300+ 品牌，60 多家上海首店，2024 年首季全部開業，人流天天爆滿。

在商場開業三到四個月之前，連接商場的山姆會員商店已率先開幕，是在上海中心城區唯一的山姆會員店，為社區居民帶來了不少方便。商場比較特別的地方是餐飲選擇極度多，開業 113 家佔商場店鋪一半，其中米芝蓮、必吃榜、黑珍珠榜食店很多，價錢由 RMB20 不到的一碗粉到人均消費上千元的餐廳都可以在這裏找到。

▲ 這商場逛街選擇也很多，從潮流服飾、運動品牌到高級成衣品牌都可以找到。不少戶外潮流品牌，其中比較熟悉的牌子有 North Face、Nautica、Aape 等。

▲ B2 層有一處叫「銅川漁樂」的區域，以快餐、精品和小食為主，還原了真如「銅川路水產市場」的感覺，穿過這裏就是山姆。中海環宇城餐飲是真的多，想慢慢坐吃好一點的可以預約（有些店在大眾點評可線上排隊），想隨意一點也可逛到餓時，隨心在麵屋吃個拉麵。

◄ 青青抹茶燒仙草（RMB28），鯛魚燒（RMB14）：

吃飽飯走過想吃點甜的，經過「銅川漁樂」裏的申井小店，看到鯛魚燒很吸引，再加一個燒仙草，不算太甜，抹茶奶凍好吃，鯛魚燒的紅豆也很香，價錢合理，可以一試。

➤ 3樓有很多兒童、親子活動，帶小朋友過來也必定不會沉悶。Star Legend 除傳統兒童玩樂的地方，還照顧到成人的需要，可以射箭和打桌球（RMB40/小時）。

▲ 內地商場常常都有驚喜，今次在3樓「小象動悟公園」看到羊陀和網紅卡皮巴拉（水豚）！

▲ IMAX 影院：5樓博悅匯影院有八個影廳，是超過 1,000 座的影院。旁邊有酒吧，看完電影可以喝一杯。

七八冷麵·朝鮮米酒屋

地 環宇城下沉式廣場 B1-1017

進去之前我有一刻猶豫究竟這朝鮮先是否北韓菜？望進去一片工業風米白色的設計，要看一看菜譜才可決定。餐廳氛圍和一般的韓國菜裝修感覺很不一樣，這裏的感覺有點簡單而高雅，還好菜的味道是接近我認知中的韓國菜。

主打冷麵和喝酒，其他選擇有部隊鍋、石頭飯、燒烤等，和很多米酒，雙人部隊鍋套餐「團購價」才 RMB100 出頭，算是很抵吃。打卡送了個甜品酸奶，埋單收費 RMB69.3。

▲ 最怕韓式辣牛肉湯太濃烈，他們家辣牛肉湯味道調校得比較溫和，不太鹹也不太辣；牛肉還好，不算太多但嫩口。

▷ 環境乾淨整潔，有別於許多韓國菜館的煙火氣。

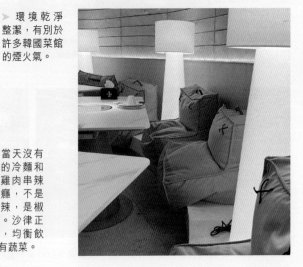

◁ 雖然當天沒有點主打的冷麵和酒，但雞肉串辣得很過癮，不是那種麻辣，是椒藤辣味。沙律正常發揮，均衡飲食需要有蔬菜。

山姆會員商店 Sam's Club

地 普陀區華南路 335 號 B1-B2
時 08:00~22:00

香港喜歡到山姆入貨的新聞，連上海本地同事都聽過，他們無不感到好奇，為甚麼要北上去超市？我訪問過喜歡到山姆shopping 的朋友，原因大部分都為滿足舌尖之慾。山姆會員商店首次進入中國已經超過 20 年，會員制賣場模式和歐美如出一轍，是在大型綜合商超的基礎上，篩選出大眾化的實用商品，主要銷售給付費辦理會員的客戶。眾所周知山姆有很多網紅品：瑞士卷、榴槤蛋糕、牛扒等，回購率極高！

▲ 食品、烘培是山姆皇牌，最多人來團這個 RMB59.8 的瑞士卷，這款爆品亦是我們公司開會時的常客；另外榴槤千層亦是銷量保證，每位會員限購兩件。

▲ 不少人來山姆都會看看品牌的優價，不時有平價好物。但要注意山姆是會員制，所以必須入會才可購買任何商品，假如常在上海生活的話，RMB260/ 年的會費省不了。會員是全球通用的，購物有保障。

▲ 一入中海環宇城 Max 山姆感覺就是超市版的 IKEA，所有產品都是超大型的。

2023年9月 OPEN
上海信泰中心

地 普陀區大渡河路 1438 號
時 10:00~22:00
交 地鐵 15 號線梅嶺北路站 4/5/6 號口

散落滿地的卡哇伊熊，可愛到令人心都融化了！坐落於武陵路創新發展軸的上海信泰中心，聚集雙塔辦公、海派商邸、商業中心及餐飲等多元複合業態，地方不算太大，但勝在方便，為附近辦公人士和居民提供一個優質的吃喝玩樂地點。

這裏比較特別的是除了有一般商場常見的健身房、4D 體驗、撸貓館、KTV 等，還有室內衝浪（信泰中心廣場 C 層），和專搞團建的 Party King，而且餐飲選擇亦非常多。

▲ 每個卡哇伊熊造型都很可愛，設計者真懂拿捏喜歡拍攝分享的潮流。

Joy Surf 樂享室內衝浪高爾夫（GL1）

🕐 10:00~22:00

需要提前準備泳裝，內有洗澡設施。體驗價衝浪單人成人首次體驗RMB158，雙人RMB258；青少年一對一哥爾夫45分鐘RMB178，價錢非常合理。

潮折（LG1）

🕐 10:00~22:00

Shopping 方面，我發現了這裏有一間潮流品牌集合 outlet——潮折，入內看看，又真的是便宜，又有不少我們熟悉的品牌，如 Adidas、Nike、The North Face 等，而且款式都不錯。折扣有一折多，也有三折的！

▲ 款式有平實的，也有偏運動的。

紅渡小香 · 牛肉麻辣香鍋（LG240B）

🕐 09:30~22:00

麻辣香鍋時不時都會想食，但這次主要是奔着冰粉來的。
紅渡小香店面很小，但食材看着乾淨。香鍋材料可以自
己選擇，多達逾 60 款，有肉有菜，單人份 RMB6；雙人
RMB9，如需米飯另加 3 元，他們亦有套餐選擇。

▲ 我最喜歡的就是
吃香鍋的店會有冰
粉，無限量供應，
甜甜一碗，吃過才
是完整的晚餐。

▲ 味道選擇方面有鮮香（不辣）、
醬香（輕微辣）、微辣、中辣、特
辣。那天兩個人不算點太多，一大
鍋下來盛惠 RMB80.48，吃飽肚子
人均大概 RMB40，的確不錯。

Party King 西餐廳 · 運動娛樂中心（LG 142-143）

🕐 10:00~22:00

若嫌平時約人食飯齋傾偈好像有丁點悶，
Party King 看準了大家想要一齊聚餐、一
齊玩樂、一齊飲一杯的需要，在這裏不用
轉幾次場——晚餐、飲酒、玩樂一站式服
務。餐廳主打就是 party，設置了超過 10
款玩樂設施，例如模擬高爾夫、桌球、射
箭、飛鏢等。新店開張，平日純玩一天也
只需 RMB68；週末也不貴，RMB88。

▲ 桌球和飛鏢在香港很常見，來這裏可以試試模擬高爾夫和射箭。

◀ 餐廳走美式
路線，叫了美式
牛肉漢堡配薯
條，加杯飲品
RMB78。漢堡
包牛油很香，口
感不俗。其他菜
品價錢中等，試
過他們的燒雞也
不錯。平日午市
套餐，非常超值
只需 RMB48。

環球港
世界港口小鎮

地 普陀區中山北路 3300 號

時 10:00~22:00

交 地鐵 3/4/13 號線金沙江路站 2 號口，步行約 200 米

整個商場設計走歐式宮廷風，有標誌性的圓弧玻璃頂，是普陀區是一個超大型的商場。雖已開業 10 年，但因有多達 700+ 商舖，同時擁有很多國際和本地品牌，加上又不時有新店加入，使商場人氣一直高企。

環球港在 2021 年底於 5 樓開拓出一個世界港口小鎮，希望在戶外區域打造熱鬧的環球市集。

▲「小鎮」面積不大，以郵輪主題設計屋頂空間，成功打造些許異域特色；餐飲方面有烏克蘭、韓國、泰國等菜式。比較特別的是設置了不同國家的陳列館，可以入內參觀，選購精美小禮品。

▲ 5 樓露天廣場不時有市集，日落風景非常美。

▲ 這裏有 live house 和不少餐廳。

● 海夢一方 Dream Gala ② 只二透明倉（虹橋天地店）③ 韓國美食一條街 / 首爾夜市
④ S.H.O.W 滑雪滑板公園

閔行區

閔行區位於上海市的中部，佔地 371 平方公里，與浦東新區、徐匯區、長寧區、嘉定區、松江區、青浦區、奉賢區接壤，區內有多所在中國乃至世界知名的高等學府，包括上海交通大學和華東師範大學。這區亦是上海重要的交通樞紐，上海虹橋機場、虹橋火車站都在閔行。來上海旅遊建議飛虹橋機場，距離市中心較近，而且機場連接虹橋天地（The Hub），是個吃喝玩樂一站式商業區。

閔行區有著名的七寶古鎮，是近郊第一古鎮，距離上海市中心僅 18 公里。推薦遊點還有可以吃到正宗韓國菜的韓國街首爾夜市和新開在海夢一方 Dream Gala 的空中海洋館 Skysea。

一日遊建議路線

S.H.O.W 滑雪滑板公園 ❯ 海夢一方 Dream Gala ❯ 七寶古鎮 ❯ 只二透明倉 ❯ 韓國街首爾夜市

交通方式

地鐵	2、10、17 號線	虹橋火車站
	10 號線	龍柏新村站
	15 號線	紫竹高新區站 景西路站

海夢一方
Dream Gala

地 閔行區蓮花南路 1389 號

時 10:00~22:00

交 地鐵 15 號線景西路站 4 號口，步行 420 米

大眾點評春申地區購物熱門榜第 1 名

海夢一方是中信泰富地產於西上海着力打造的「超區域」時尚生活中心，項目約 8.2 萬平方米，

▲ 商場以海洋為主題，設計亦像海洋公園。

商場 1 樓到 4 樓規劃有時尚、餐飲、美妝、運動潮流，這些我們見怪不怪，但海夢一方最厲害的，是在 5 樓和 6 樓設有空中海洋館 Skysea。難以想像在一個商場內可以逛到海洋館，而且還是有動物互動和表演的！

▲ 商場有比較多兒童和親子合適的活動，父母可暫時解放雙手讓孩子放風。Space Zoom 貝縱家庭體驗中心，裏面有小型賽車車道，和比較特別的軌道膠囊觀光車，看到幼童玩得好開心。

松鶴樓麵館（ L03-19 ）

🕐 10:30~20:30

松鶴樓作為蘇式湯麵代表，在乾隆年間已開業，是百年老字號，在上海到處都可以看到麵館的足跡，也是長期必吃榜品牌，質量是有保證的。想簡簡單單吃碗麵，松鶴樓從來都是個好選擇。

海夢一方新店，舖面不算太大，但平日人流亦不多，座位正常寬敞。點了個蘇灶食味套餐（RMB46），有古法燜肉、紅湯湯麵、蟹粉湯包、讚一讚毛豆婆婆菜，甜甜地和湯麵好夾。紅湯不算太濃，但味道剛剛好；麵條也是出色，質感很好。另外亦有提供其他雙人餐，價錢也非常相宜，全部不到 RMB200。

▲ 最值得表揚的，是這個蟹粉小籠包，是只需 RMB46 的套餐完全意想不到的出品，新鮮之餘蟹粉質素非常有誠意──皮薄、多汁，熱騰騰！這個價錢這個質量，完全是無可挑剔。

▲ 把燜肉放在湯中大概一分鐘，更加油膩香嫩。

雲上海洋館（L5、6）

🕐 09:00~18:00

🎫 成人 RMB139，兒童 RMB90

👤 大眾點評閔行區遊樂場好評榜第 1 名

打着上海首家**空中海洋館**的名牌，雲上海洋館在 2023 年暑假開業時吸引了很多寶媽帶小孩來體驗，雖然我沒有小孩要帶，但因為很喜歡看動物和海洋生物，於是錯開高峰在平日來體驗。在商場內佔地 6,000 平方米的海洋館，竟然有 10 個展區，近 10,000 頭海洋生物。入口處看到有大海龜在迎接。

▲ 在「J 博士實驗室」的水母環保劇場，差不多每個小時都有一場動畫放映，由 10:30 開始，最後一場 17:30。動畫講述小水母的成長歷程和在海洋探索的經驗，光影效果不錯，360 度沉浸式全景互動體驗，不要説小孩，大人也看得津津有味。

雖然在海天一方的 5、6 樓，但這個雲上海洋館設計的感覺很寬敞。性價比來説，這間算不錯，除了看動物還有很多科普知識，結合了不少新科技，讓小朋友了解海洋生態系統的運作方式。

▲ 想不到在商場內竟然有海洋隧道可以讓人 180 度觀看各種海洋生物，七彩斑斕的海底世界映入眼簾。

▲ 洪氏環企鵝和班嘴環企鵝，剛剛吃飽，休息中。

▲ 海獅科普秀時間為 11:00、14:00 及 17:00。平日人很少，可以安靜地和海洋動物相處。

▲ 相擁而睡的鯊魚。

➤ 加 RMB30 可以餵金魚，參觀當天人流不多，職員非常樂意幫我拍照，還熱情地拍了視頻。

2022 年 12 月 OPEN

只二透明倉（虹橋天地店）

以往很多朋友買二手奢侈品都會選擇去日本，但近幾年內地二手奢侈品市場非常熾熱，不只款式多，而且很新。介紹一下現在**內地最大的中古實體店「只二透明倉」**，其虹橋天地店位於虹橋天地購物中心，購物中心連接高鐵站和機場，一站式飲食住行應有盡有，非常便利遊客。來往上海虹橋機場時，可以預留時間來逛逛。

地 閔行區紹虹路 52 號 B1 層 01~05 室（虹橋天地 hubo 地下通道內）

時 10:00~22:00

交 地鐵 2/10/17 號線**虹橋火車站** C 口，步行 580 米

大眾點評上海奢侈品熱門榜第 1 名

▲ 超萬平方米的中古倉，實在太大，根本逛不完，逛名牌店逛出超市的感覺。「黑石區」滿牆的愛馬仕和香奈兒，相信沒有女士可以抵抗得了。

全場大大小小 5,000 個品牌，基本上所有大家熟知的品牌手袋、衣服、鞋子、手錶以至配飾都可以在這裏找到。重點是，所有貨品都有正貨保證，經過中檢，而且基本上是九成新以上。店中以牌子和類別分區域，除非你主動，否則店員不會過來介紹和推銷，可以完全沉浸在自己的購物世界。

溫馨提示：只二是有小程序的（ZZER 只二），所有款式其實都可以在網上看到（不過很多人喜歡見到實物，也可以到現場感受一下名牌包圍的感覺）。入場前要把自己的手袋和行李寄存。另外，要先下載 app 註冊，然後他們會提供手套給顧客，戴上後就可以 shopping，全程自助。

▲ 在火車站和機場跟着指示牌，走約 10 分鐘就到。

▲ 多款名牌袋自助隨便拿上手試，顏色選擇亦很豐富。

▲ 最喜歡這裏就是，完全沒有店員跟着你，可以隨意逛，戴上手套後大部分手袋可以隨意試上手，而且每個產品都有 QR code，直接看到價錢和資料。

◀ 多巴胺顏色，少女心妥妥的被喚起。

首爾夜市 서울야시장

韓國美食一條街
首爾夜市

地 閔行區虹泉路與銀亭路交叉口西 160 米

時 14:00~02:00

交 地鐵 10 號線龍柏新村站 3 號口，步行 960 米

大眾點評上海觀光街區熱門榜第 2 名

上海有條韓風十足的韓國街，原本是在上海定居的韓國人聚集地，後來索性變成一個賣點。我常常都會相約朋友在那邊吃晚飯，裏面有很多韓式小吃：炒年糕、泡菜湯、烤肉，還有大牌檔，重點是味道很是正宗，喜歡吃韓餐的朋友，千萬不要錯過！

韓國街的餐廳一般開至凌晨，假若在上海晚餐時段過了又或者想吃個宵夜，可以來這邊看看。這裏主打就是一個吃吃吃，但旁邊也有市集、韓式超市等等。除了正餐，還可以買一些零食。

▲ 來到韓國街不能只食個飯，來 Kmart 超市逛逛總有收穫。這裏的韓國小菜非常受歡迎，年輕人喜歡在這裏買韓國泡麵、爆辣火雞醬麵和各式各樣的燒酒。還可以單點些小食，即使不在餐廳用膳，相信掃街都完全可以吃得很滿足。

▲ 街頭和商場亦很有韓國 feel，這裏的確有許多韓國人，不時聽到有人用韓語交流。

柳丁漁市海鮮烤肉（首爾夜市店）

地 虹泉路 1078 號井亭生活廣場後面首爾夜市西邊第 5 家
時 14:00~02:00
交 地鐵 10 號線龍柏新村站 3 號口，步行 960 米

想感受大牌檔風味，可以走到井亭生活廣場後面，在小食店旁有大約十多家小店，有很多店員在門口向你介紹，很有廟街 feel~ 而柳丁就在廣場後面首爾夜市西邊第 5 家，平日下午人不多，門口店員説下午套餐 RMB108，就入內試試。性價比高，很不錯喔！

▲ 燒肉——就肉眼所見，就是滿滿的油脂。

▼ 選擇了一個下午二人套餐 RMB108，量頗多足夠兩個人吃飽。大牌檔吃的就是氛圍和性價比，兩者都做得很好，整個二人餐下來份量非常足，味道還可以。

▲ 芝士粟米一點點甜，芝士拉絲無懈可擊。韓式炸雞三件，調味還不錯。他們的三人烤肉部隊火鍋套餐才 RMB288，真抵食！

正三熙 by 韓國街小木屋烤肉

地 閔行區虹泉路 1051 弄 5 號 1 樓（首爾夜市噴泉對面）

時 11:00~03:00

交 地鐵 10 號線龍柏新村站 3 號口，步行 960 米

開業即成「排隊王」的正三熙到底有多好吃？外籍友人剛來上海，説從未吃過韓菜，立即把他帶到這裏感受一下韓風韓食。不説笑，週六來真的排了一個多小時，但吃過之後還是想推薦！

▶ 想吃韓燒又不想自己動手，這一間十分適合你，小木屋是烤完直接上菜的。蘸上特製調味料，每一口都是對自己的犒賞。這家的味道非常讚，不愧成為網紅店。

◀ 牛肉套餐 RMB218：牛肉套餐用了非常紮實，足夠兩個人吃得很飽；

豬肉套餐 RMB158：價錢合理，出品很好。

外籍友人表示第一次吃韓燒，感覺非常可口，即使排隊也是值得的。總括來説，整個套餐吃得很飽，在韓國街就是有琳琅滿目的餐館，豐儉由人，想吃好一點的或者隨意一點的，都有很多選擇。

大隱古食代。逍遙古鎮

地 閔行區吳中路 1588 號愛琴海購物公園 B1

時 10:30~22:00

交 地鐵 10 號線龍柏新村站 3 號口

在韓國街步行約 10 分鐘有一個大型購物商場「上海愛琴海購物公園」，於 2020 年初啟業。B1 下沉式廣場中建了一個小型的逍遙古鎮，面積不大，主要是食肆，但設計古色古香，甚有特色。

▶ 上海新商場和景點都很注重「打卡位」，因為顧客拍照會 po 上網，變相是在個人私域推廣。這個古鎮設計就有不少客棧風的打卡位，很適合拍照。

2023年8月 OPEN

S.H.O.W
滑雪滑板公園

地 閔行區東川路 333 弄 31 號 3 樓
時 週一至週五 11:00~20:00；
　 週六、日 10:00~21:00
交 最近地鐵站為 15 號線紫竹高新
　 區站

每到冬天，滑雪是不少人的旅遊選項。假若沒有太長的假期到長白山又想過一過滑雪癮，上海有不少室內滑雪場，可供大家選擇。SHOW 有不同分店，這一家新開在閔行區，場館內除了滑雪還有滑板，有興趣嘗試這兩項運動的你，可以來挑戰。

▲ 室內場館還適合新手嘗試了解裝備和滑雪感覺，説到底滑雪是高危的運動，對於還未嘗試實操的新手來説，花一筆錢去滑雪似乎有點不化算，但凡事總有開始，在室內滑雪場試試，而且有教練一對一全程指導，比較有安全感。

另外，這兩年在上海周邊還有很多滑雪相關的項目，例如太倉全國最大的室內滑雪公園阿爾卑斯雪世界於 2023 年 11 月開園，和上海首家滑雪酒店耀雪冰雪世界亦於 2024 年開業，讓大家不用到北方，也可以體驗滑雪的樂趣。

▶ 場館內滑雪裝備充足，頭盔、單板雙板都有。滑雪單人體驗課 RMB328；滑板單人體驗課 RMB288，單次滑板門票 RMB88。

▲ 門店乾淨企理，但只有兩個滑雪機，來之前記得先預約，電話：15316535065。

MAP

① 中國近現代新聞出版博物館 ② 寶龍・旭輝 ③ 世界技能博物館 ④ 皂夢空間 ⑤ 3號倉庫

楊浦站

愛國路

1

隆昌路

灰倉藝術空間

上海國際
時尚中心

楊樹浦路

楊樹浦
電廠遺蹟
公園

4

黃浦江

上海地鐵14號線

恰杯咖啡

浦東濱江
喜來登酒店

上海輪渡

歇浦路

置匯旭輝
廣場

上海地鐵6號線

楊浦區地處黃浦江下游西北岸，位於上海中心城區東北部，與浦東新區隔江相望，並與虹口區、寶山區接壤，面積為 61 平方公里。在進入 21 世紀之後，楊浦加速建設成為上海四大城市副中心之一，區內科教資源豐富，有知名的綜合性、研究型大學，例如復旦大學和同濟大學。

新晉的旅遊景點包括由黃埔江邊舊工廠改建的皂夢空間，還有非常值得遊覽的中國近現代新聞出版博物館、世界技能博物館及五角場等。

一日遊建議路線

中國近現代新聞出版博物館 ❯ 寶龍 · 旭輝廣場 ❯ 楊浦濱江 ❯ 灰倉藝術空間 ❯ 皂夢空間 ❯ 世界技能博物館 ❯ 五角場 ❯ 3 號倉庫

交通方式

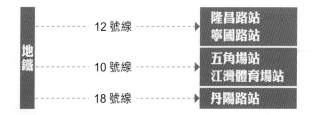

地鐵	12 號線	隆昌路站 寧國路站
	10 號線	五角場站 江灣體育場站
	18 號線	丹陽路站

中國近現代新聞出版博物館

2023 年 6 月 OPEN

地 楊浦區周家嘴路 3678 號

時 09:00~17:00（逢週一閉館，國定假日除外）

票 免費

交 地鐵 12 號線隆昌路站 1 號口

大眾點評楊浦區展覽館好評榜第 2 名

商場逛得太多，大部分都是相同模式，說真的有點麻木。來上海旅遊去看看不同博物館，了解一下當地文化，也可以為行程添加趣味。2023 年，中國近現代新聞出版博物館在楊浦區新開幕，是內地首間新聞出版專業博物館，分一個主題館和五個分館，包括新聞出版通史、印刷技術、兒童出版、藝術和唱片發展。

中國傳統出版業主要分官、私、坊三大體系，一直是手工經營，直到鴉片戰爭後，傳統出版不可避免地衰落，而傳教士和外國商人在中國創辦的一批出版機構則起了先導作用。他們引入西方印刷技術，使中文書刊的種類和數量迅速增加。近代中國出版業自西學東漸以來，引進西方先進思想和經營管理方式，積極改良技術，又繼承及弘揚傳統文化；到了上世紀初葉，中國出版業實現了從傳統到現代的轉型。而伴隨上世紀八十年代開始的改革開放，出版業再次高舉旗幟，歷經 30 多年不懈奮鬥，現在的出版種類繁多。

▲ 溫馨提示：免費開放，採取預約入館參觀機制，非團體的個人參觀者可最多提前七日通過微信小程序預約。未約滿的參觀日可於當日預約，即日預約於 16:00 關閉。單人單次最多可預約五張門票。

▲ 社會進化簡史、世界經濟地理綱要、共產黨宣言等，都是現代出版的關鍵詞。

▲ 1870 年前後的高速石板印刷機：最初的木製石印投靠人力扳轉，勞動強度大，後來出現了鐵製手搖、輪轉和電動圓壓平式等石板印刷。

▲ 這個超大型投射互動屏幕是小朋友最愛，介紹了數十個包括陳獨秀、陸費逵、史量才等近代新聞發展史中的重要人物。

▼ 館中有兒童出版的介紹，1978 年中國進入改革開放的新時期，國家出版局、教育局、文化局、共青團中央等等在江西召開全國少年兒童讀物出版工作座談會。

▲ 20 世紀 30 年代的中文打字機。

▲ 上海自 19 世紀開埠通商以來，逐步發展成亞洲最繁榮的大都市。中國的唱片業正是起源於上海，早在 19 世紀 90 年代，上海街頭已經出現了售賣唱機唱片的洋行。館內可試聽舊歌，以了解唱片和音樂發展歷程。

寶龍·
旭輝廣場

地 楊浦區周家嘴路 3608 號環創中心

時 10:00~22:00

交 地鐵 12 號線隆昌路站 4 號口，步行 550 米

到楊浦區中國近現代新聞出版博物館參觀，在新聞歷史中沉醉一番之後，出來經已餓腸轆轆，不想到處覓食的話，附近也有很多選擇。寶龍旭輝是 2021 年開業的小型商場，食肆大概 60 家，狠狠地接着新聞博物館的遊客，因為它就在博物館旁邊！

▲ 這裏不時有市集和夜市。

商場主要營業場所有三層，分別是地下一層，一和二層。一、二層主要是食肆，各類菜式應有盡有，日式燒肉、居酒屋、烤魚、火鍋、鐵板燒等等；地下一層則較多完化，有舞蹈室、健身中心、文具小店和盒馬鮮生。

立方鐵 @ 鐵板燒

地 周家嘴路 3608 號環創中心 B1 層 052

時 11:00~21:30

在鐵板上滋滋的炒菜聲，是鐵板燒引誘顧客的魔法。連鎖店立方鐵 @ 鐵板燒在上海已火爆了很多年，寶龍旭輝店於 2021 年開業，這一家分店裝修風格簡潔乾淨。團購有雙人餐 RMB239，單人餐 RMB79，性價比真不錯。

▲ 總覺得鐵板燒有一大部分的收費，應該是用在「觀看」和「期待」。在大商場中「不知吃甚麼好」又想專心「看食物」時，立方鐵是好選擇。

▲ 單人餐有火焰烤蝦三隻、金針菇肥牛卷三卷、黑椒牛扒 100g、培根捲心菜、例湯加白飯。鐵板燒的做法很好，鎖住了牛肉的水分，吃起來嫩滑細緻，非常香口！

世界技能博物館

地 楊浦區楊浦路 1578 號

時 週二至五 09:00~17:00（週一休館）

票 免費但要先預約（微信公眾號、小程序、官網等官方渠道提前七天開放預約）

交 地鐵 18 號線丹陽路站 2 號出口，步行 1300 米

大眾點評楊浦區景點 / 周邊遊熱門榜第 3 名

上海總不乏新玩意，**免費景點選擇亦非常豐富**。世界技能博物館位於楊浦大橋下，原址是永安倉庫，於 1922 年興建，已有百年歷史。經改建修繕後於 2023 年底開業，即成為別具人氣的博物館，是世界上第一個致力於展示職業技能的博物館。

世界技能是在二戰後成立的組織，如今有包括中國在內的 86 個成員國家與地區，佔全球人口的三分之二。博物館中幾乎所有展品，都是由教練員、教師、贊助商以及世界技能組織成員慷慨捐贈。全館共有四層，分六大展區，展示不同國籍與文化的勞動者技能故事。1 樓臨展廳，2 樓和 3 樓為展區，4 樓則是技能實踐體驗區和多功能廳。

▶ 互動區域主要集中在 3 樓與 4 樓，有拼圖、垃圾小車、塗鴉等等，大人和小朋友都能邊玩邊學。參觀技能館大概需要兩個小時。

▲ 2 樓有「工具與我們的世界」、「技能與工業革命」和「技能發展與中國」，講述了技能發展的歷史。

博物館旁就是皂夢空間和楊浦綠之丘（地址：楊樹浦路 1500 號），後者是由原上海烟草公司改造成的市民活動創意空間，有很多拍攝景點，也值得看看。楊浦一天遊可先安排早上到新聞館，在旁邊的旭輝寶龍吃午餐，再到楊浦濱江：皂夢空間、世界技能博物館、綠之丘、東方漁人碼頭（上海魚市場舊址）等工廠遺址，看看上海的新舊交替。

皂夢空間

地 楊浦區平定路直走到底西則100 米

時 10:00~17:30

票 免費

交 只有自駕或打車可直達（最近的地鐵站為地鐵 12 號線寧國路站）

▲ 迎接遊客的是一牆濃濃老上海風情的香皂宣傳畫。園區參觀的地方不大，但很適合打卡拍照。

想在繁囂的城市生活中找點新意，可以考慮來到 2021 年重新改造的皂夢空間。這裏絕對是小眾旅遊點，因為跟市區有點距離。楊浦濱江的上海製皂廠是遠東地區最早的製皂工廠，上海藥皂、蜂花香皂等就是在這裏出品。這個南臨黃浦江，由陸域景觀與水域碼頭組成，剛剛 100 歲的工場廢棄已久，近年卻搖身一變，成了新地標和**打卡熱點**——皂夢空間。

如果喜歡藝術設計和攝影的話，推薦花半天來慢慢感受工業和科幻感的對撞。我平日工作接觸的人很多，假日喜歡安靜，而這裏位於黃埔江邊，旁邊是個大工地，人煙稀少，所以我很享受在這裏走走看看的兩三個小時。

▲ 室內設計團隊蘑菇雲設計工作室保留了原有結構，走進水池之間管道，裏面科幻感滿滿，像進入了另一個世界，極具電影場面感。

▲ 日本著名藝術家川添善行設計的大型藝術品《一年／一萬年》陳設，融入泡沫元素，有如鐘乳石，是 2019 年上海城市空間藝術季永久性展品之一。走進這裏讓人置身於上世紀八十年代電影的科幻世界，非常有趣。

▲ 園區內有一間叫「白七」（即皂）的咖啡店，白七咖啡 2 樓有肥皂製作班，可提早預約。

2022 年 3 月 OPEN

3 號倉庫

地 楊浦區政通路 189 號五角場萬達廣場 C 棟 4 樓 4207 號

時 11:00~14:30；16:30~21:30

交 地鐵 10 號線江灣體育場站 5 號口，步行 230 米

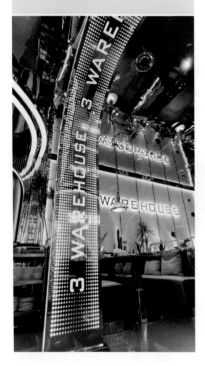

3 號倉庫首店在 2021 年中在閔行區開業，2023 年底已經擴展至五家分店。這間充滿科幻未來感的餐廳，近兩年憑藉銀色太空倉設計和創意菜式，攻陷了不少網民。銀白主色配以鏡面和燈光，就是一個酷！餐廳設計再好重點還是食物，在上海一年多後發現很多餐廳打卡的確是能「出片」，但食物總是一般般。3 號倉庫主打中西融合創意菜，令人驚喜的是這裏食材、調味、創意和價錢都超出預期。

香港友人到上海出差，我們選在工作日來吃晚餐，雖不至於要等位，但仍全場滿座。要知道上海很多商場其實人流並不多，可見開業一年多他們仍然能夠保持人氣。

▲ 撈汁小海鮮：有點微辣，蝦、魷魚、螺吃落非常新鮮，小小一碟非常開胃。

▲ 招牌玻璃乳鴿：外脆內嫩，不油膩，肉質也不會過分嚡口。

▲ 金醬粉絲蝦味道可以；衝浪鮑魚扒飯，不只是名字有創意，泡飯還好吃！

▼ 荷葉金醬江鰻：肉質肥美，荷葉也很香。

▲ 很喜歡這個彼得兔莊園：中式點心紫薯、奶皇包的造型可愛，細心一看下面鋪滿一層的是 Oreo 餅碎。

▲ 團購 3~4 人套餐 RMB393，三個人吃份量非常足夠；額外加了幾個菜，負責任地說出「好吃」兩個字。3 號倉庫有新店來到楊浦區，在附近旅遊或出差真的可試試！

M A P

近松樓
唯庭酒店
白公館
寶華
商業廣場
寶山路
夕拾鐘樓
上海多倫
現代美術館
多倫路文化名人街
東寶興路
合新里KORE
愛思
兒童公園
三至酒店
上海地鐵3號線
四川北路
四川北路
公園
KFC
寶山路
上海地鐵4號線
四川北路
海寧路
上海鐵路
博物館
上海地鐵10號線
四平路
瑞虹天地
月亮灣
海倫中心
海倫路
海倫路
上海創新創意
設計研究院
國際客運中心
上海
白玉蘭廣場
魔都矩陣
中信廣場
上海
星薈中心
莫泰酒店
上海
外灘
茂悅大酒店
上海大廈
中南海濱
酒店
上海郵政博物館
中國證券博物館
福建北路
天潼路
上海地鐵12號線
蘇河灣
萬象天地
上海寶格麗
酒店
蘇州河
外白渡橋
外灘源1號
上海
半島酒店
黃浦公園
上海市
人民英雄
紀念塔
北京東路
東方明珠
遊船碼頭

● 勝利電影院 ❷ 瑞虹天地太陽宮 ❸ 今潮 8 弄

虹口區是上海人口密度最高的行政區，區域總面積
23 平方公里。自上海開埠後，成為除黃浦區外上海
最早發展的地區。虹口區與楊浦區、黃浦區、靜安
區、寶山區相接，與浦東新區相鄰。

四川北路商業街和北外灘商務文化區是虹口區著名
旅遊景點，近年也有一些新遊點，在虹口行動的朋
友不妨看看。

一日遊建議路線

今潮 8 弄 ▶ 多倫路文化名人街 ▶ 勝利電影院 ▶
北外灘 ▶ 白玉蘭廣場 ▶ 雷士德花園 ▶ 瑞虹天地
太陽宮

交通方式

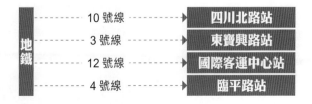

地鐵	10 號線	四川北路站
	3 號線	東寶興路站
	12 號線	國際客運中心站
	4 號線	臨平路站

勝利電影院

地 虹口區乍浦路 408 號
時 10:00~12:00；13:30~16:30
交 地鐵 10 號線四川北路站 2 號口

勝利電影院
VICTORY CINEMA

這是一家「新的舊戲院」，因為這所於 1929 年 2 月開幕，原名「好萊塢大戲院」的電影院，在歷經 30 多年調整和修繕後，最近又和大眾見面。1949 年上海解放後，正名為「勝利電影院」，後來上世紀九十年代成為了知名的「藝術電影院」，歷盡近百年的時代滄桑，於 2023 年重開了！

重新開放後的勝利最大特色是除了有當季電影，還有默片放映，對老電影情有獨鍾的朋友來到虹口區，千萬不要錯過。而且，曾居住在虹口的魯迅先生曾多次來看電影，來勝利就像是踏上名人的舊足跡，由此回味舊上海。勝利電影院在白玉蘭廣場和北外灘附近，步行或騎車十數分鐘可到，若打算到虹口 city walk，行程可考慮加上這個景點。

▲ 電影院內保留着舊式的售票紀錄牌。

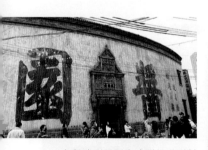

▲ 參觀勝利電影院時剛好看到對面人頭湧湧，原來是陳可辛導演正開拍電影《醬園弄》在乍浦路搭了景。電影準備開拍之際，大批市民已來先睹為快，不斷有人來拍照打卡。

▲ 電影佈景細節滿滿，讓人置身在乍浦路，有穿越回 1940 年代老上海的感覺，拿起手機，隨手一拍都是電影感。但暫時未收到消息在電影殺青後，相關部門會否保留場景。

瑞虹天地太陽宮

地 虹口區瑞虹路 181 號
時 10:00~22:00
交 地鐵 4 號線臨平路站 1 號口，
步行 420 米

2021 年開業的太陽宮與旁邊的月亮宮毗鄰，是北上海的活力中心，商場面積 180,000 平方米，是瑞虹新城片區的好去處。太陽宮整體空間、色調、燈光、細節位都很符合大型現代商場規格，內裏商店品牌亦很大眾，都是那些熟口熟面的牌子。開發商是上海商場常見的名字——新天地。

◤ 比較特別的是太陽宮的中大廳，空間乾淨而且扶手電梯的設計很美，開業時宣傳擁有上海商場史上最大採光天幕，成功吸引不少人來消費和參觀。

◀ 逛商場看到檸季手打檸檬茶，忍不住點了一杯，爽！

◀ 擼貓店在內地商場並不罕見，這裏竟然有一間擼豬的！看到一群小豬在睡覺，感覺他們非常 chill（單人票 RMB89）。

恭喜上岸砂鍋焗·海鮮大牌檔（太陽宮店）

🏠 虹口區瑞虹路 181 號 4 樓
🕐 11:00~14:00；16:30~21:00

這一家「恭喜上岸」，看到它的吉利名字就精神煥發，但由於它是近幾年才開業的飲食品牌，現時上海只有四家分店分佈在不同區的大型商場，絕大部分時間都是排長龍狀態，我就常常因為它排隊排滿人而卻步。來到太陽宮店竟然沒有長長的人龍，立即取號排隊！餐廳設計非常有辨識度，正如他們的名字，完全是一個碼頭魚市場的感覺，海鮮是看得到的新鮮。

▲ 餐廳裏面設計是漁村風味。這塊黑板就很有魚市場的感覺。

▲ 在大眾點評點了二人餐（RMB99）花雕海鮮醉雞煲，海鮮是真材實料，生蠔出乎意料的大隻，雞肉亦很好吃，不過嫌份量不足夠兩個人，要另外多加幾個菜。另外有一個 RMB169 雙人餐，有紫蘇牛蛙、走地雞、黃花魚、黃油焗基圍蝦和焗花菜，亦是非常抵食之選。

▲ 砂鍋紫蘇牛蛙我看到基本上是每一枱都會點的，跟着點了一份，味道真的不錯，非常濃烈的紫蘇味。其他推薦包括黃油焗蟶子和肉醬焗空心菜。

今潮8弄

2022年1月 OPEN

地 虹口區四川北路 989 弄
　35~95 號
時 10:00~22:00
交 地鐵 10 號線四川北路站 3 號
　口，步行 100 米

▲ 樓與樓之間又有五彩繽紛的裝飾或燈飾，新舊融合展示出魔都的海派魅力。

大眾點評四川北路／海倫路商場好評榜第 1 名

虹口區的四川北路是貫穿虹口南北的主要路段，18 世紀末形成於法租界擴大的範圍。而在 20、30 年代，四川北路發展成上海著名的商業街，也是普通僑民的聚集地。而現在，今潮 8 弄是石庫門弄堂改造的潮流商區，有 8 條里弄、66 棟兩至三層高的石庫門房子，地址就在四川北路地鐵口。

不同於張園大牌林立，今潮 8 弄更多的是咖啡餐飲和跨界零售，房子主調以紅磚與青色為主，隨便找一面牆或坐在露天小座椅拍照都很好看。因此，虹口區 city walk 首推四川北路，這街區將傳統和現代文化、藝術融合，讓人可以享受各種人文體驗、戲劇演出和夜場娛樂。

▲ 文創小店，推廣可持續物料。

ARK Live House

地 今潮 8 弄 10 號樓 L2
時 週一至週日 17:30~02:00

大眾點評 2024 推薦酒吧

ARK 是 Live house 鼻祖，集咖啡、音樂劇、酒吧、西餐等綜合娛樂於一身，週末來看 show 喝一杯，感覺不錯。

吳食虎

地 今潮 8 弄 3 號樓 104 室
時 11:00~23:00

吳食虎是一家小小的食店，裝潢有點日式風味，主打麵食，亦有飯和三文治，晚上有燒烤，可以小酌一杯。

▲ 另外加了個法式熱沙律（RMB48），有點驚喜，旁邊的炸薯仔非常香口，醬汁很香，總言之，這一家餐廳很有特色，味道值得推薦。

▲ 叫了一碗潮汕吊龍拌麵（RMB48），牛肉剛剛熟，嫩口而且味道與椒絲配合得剛好，一口吃下去麵有股熟悉的味道，正正是我們熟悉的雲吞麵口感。附送小吃有雜菌和糖心蛋。

特別篇

虹口區文化藝術散步

多倫路文化名人街

🏠 虹口區多倫路　　🚇 地鐵 3 號線東寶興路站 1 號口

🚶 大眾點評虹口區觀光街區好評榜第 2 名

若有大半天的時間留在虹口區，建議到訪翻新了的今潮 8 弄之外，還可以接着走到多倫路一帶繼續看看歷史和建築。從今潮 8 弄步行過去不需半小時，騎單車更只需幾分鐘，那裏有不少名人故居，例如白崇禧、孔祥熙都曾居住於此。

▲ 這麼美的建築是英國傳教士寶樂安（Darroch）的私宅。他於清朝光緒年間擔任上海譯書院院長，光緒皇帝授予他「進士」稱號。雖然不能入內參觀，但只是在外邊看看也會感嘆歷史建築物的美輪美奐。

上海多倫現代美術館

🏠 虹口區多倫路 27 號　　🕐 週二至週日 10:00~18:00　　🎟 免費

進入多倫路後就會看到上海多倫現代美術館在路口左側，它是中國內地第一家由政府營辦的公立當代美術館，同時亦是中國當代藝術的重要參與者和推動者。2023 年，正值多倫現代美術館建館 20 周年，他們邀請了 2003 年時在此展出的 28 位藝術家再次回到美術館現場，以「迭代 20」為主題集結展出。

▲ 展覽非常有趣，遠看像是一個個小木塊，近看原來是威化餅和餅乾！

魯迅小道

🏠 虹口區甜愛路溧陽路段　🕐 09:00~22:00　🚇 地鐵 3 號線東寶興路站 1 號口

偉大的文學家魯迅先生，生命中的最後 10 年（1927年~1936年）是在虹口渡過的，想探索他與上海虹口的深厚淵源，除了可以到多倫路文化街附近的魯迅公園，還可到訪全長千餘米的「魯迅小道」。在這個小道漫遊，我們可以走進歷史和文化之中，窺探當年魯迅先生在虹口工作和生活的足跡。

▲ 多倫路兩旁有魯迅、茅盾等人的雕像，來到這條文化歷史感濃厚的街道，可以與一眾名人「合照」。

合新里 KORE

🏠 虹口區四川北路 1689 號
🕐 10:00~22:00
🚇 地鐵 3 號線東寶興路站 2 號口，步行 400 米

從今潮 8 弄步行到魯迅小道的途中，意外發現了還在裝修的合新里 KORE，小小的一個商場，裏面的餐飲在 2023 年 12 月開始陸續開業。

感受不一樣的上海灘

上海每區都可以安排到不錯的 city walk 路線，有一天或大半天的時間在虹口，首選北外灘 + 今潮 8 弄 + 多倫路。

北外灘

地 虹口區東大名路 358 號
時 10:00~22:00
交 地鐵 12 號線國際客運中心站 3 號口

相信來過上海的朋友，必定逛過黃埔外灘，但若你已厭倦了人頭湧湧地看黃浦江，推薦你到虹口區北外灘近年新開發的濱江綠地。北外灘沿岸設計讓人走得很舒服，沿途可以見到百年老建築，和對岸的東方明珠、陸家嘴，這裏人流較少拍照美，欣賞黃昏日落之景一絕！餓了到對面商場有很多餐廳，帶小孩也有不少玩樂選擇呢～

> 虹空間——五彩旋梯的設計，配以多個不規則圓形開口，拍照非常好看。

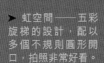

▲ 拍照非常漂亮的不鏽鋼巨蛋，在北外灘燈光陸地北一門。設計已經引領你走到最佳拍攝點了，背景就是東方明珠。

▲ 景色非常開揚，在這邊散步十分舒服，要感受上海灘不一定要人擠人。

魔都矩陣

地 虹口區東大名路 500 號

時 10:00~20:30

除了來拍照，北外灘也設計了不少大人小朋友都適合的活動，例如「魔都矩陣」。矩陣一共有五層，共 94 個高空繩索攀爬項目，愈高難度系數也愈大。地方小小，但設計甚為複雜，設備擁有歐洲最高標準認證，又有專業人士保護，大家可以來感受一下刺激。一條有四層樓高的超長瘋狂滑梯是其中一大亮點；巨人鞦韆也是王牌項目，坐在巨型鞦韆上在黃埔江邊盪來盪去，適合和約會對象一起來感受心跳。

▲ 門票內含攀爬項目暢玩兩小時，巨人鞦韆、瘋狂滑梯等高層門票包括二至四層攀爬項目。成人票價工作日 RMB200，雙休及節假日 RMB236，兒童區門票則分別為 RMB150 和 RMB168。先在購票處買票換手環，小朋友身高不滿 140cm 只能在第一層玩。大概一小時就能玩完全部項目。

2023 年 REOPEN

雷士德工學院
（現上海創新創意設計研究院）

地 虹口區東長治路 505 號

雷士德工學院座落於東長治路，2023 年重新開放，就在北外灘白玉蘭廣場對面，步行 2 分鐘就到，在北外灘 city walk 的朋友記得過來看看。

雷士德工學院早於於 1934 年建成，猶如一座老古堡，穹頂拱門古典味十足。學院佔地 6,276 平方米，融合哥德復興和裝飾藝術派風格，整體強調有力的線條和外觀，於 1994 年 2 月列為上海市優秀歷史建築。但要留意學院每月僅開放一天，且日期不定，需提前在「GZH 設計寰宇」公眾號預約（通道不定期開放）。外面有咖啡店，天氣好在這邊喝杯咖啡也很不錯！

▲ 即使在外面也可感受到其獨特的魅力，不進內的話這邊花 10-15 分鐘拍照就可以。

上海白玉蘭廣場

地 東長治路 588 號

時 10:00~22:00

交 地鐵 12 號線國際客運中心站 3 號口，步行 110 米

🏃 大眾點評北外灘 / 外白渡橋購物熱門榜第 2 名

北外灘對面是白玉蘭廣場，於 2018 年開業，是虹口比較大型的新商場，可以為北外灘 city walk 半天行程提供一站式飲食玩樂。

▲ GLSA 鐳戰大聯盟（LG1-25）是真人 CS（即 Wargame），現場所見小朋友非常雀躍，適合親子和團建。親子雙人票全時段不用 RMB300。

▲ 設備認真，不止小朋友，在場也有不少大朋友玩得興起

▲ 2023 年開了一家超級時空魔方（上海元宇宙體驗館，位於商場 -1 層），結合了 AR、VR，單人票 RMB98，親子票（一大一小）RMB158。沉浸式玩樂的四個小短片——啟航、蔚藍星球、逃出侏羅紀和光路，輪流播放；場館地方很小，但 3D 效果頗為逼真，比較適合年紀較小的小朋友。

MAP

上海辰山植物園

辰花路

辰塔路

廣富林
郊野公園

廣富林
文化遺址

廣富林路

廣富林
大酒店

華東
政法大學

上海工程
技術大學

東華大學

龍源路

上海視覺
藝術學院

上海對外
經貿大學

上海
外國語大學

文翔路

三新北路

新松江路

東鼎購物中心

松江
中央公園

松江人民北路

上海地鐵9號線

嘉松南路

萬達
廣場

🚇 松江大學城

松江商業廣場

3 泰晤士小鎮

🚇 松江新城

滬昆高速

🚇 松江體育中心

上海地鐵9號線

泗陳公路

文化路

西林禪寺

1 泗涇

FM

三湘
商業廣場

洞涇港

KFC

茶百道

泗涇
公園

維也納
酒店

如家酒店

鼓浪路

景韻臻品酒店

泗涇古鎮

滬華名都酒店

滬松公路

醉白池公園

醉白池

松江

2

● 泗涇夜市　● 雲間糧倉　● YOUNG 美術館

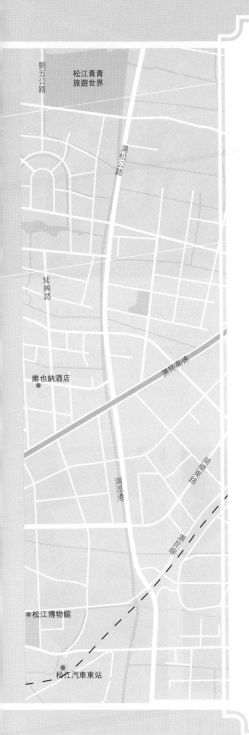

松江區位於上海市西南部，古稱華亭、雲間等，與
閔行區、奉賢區、金山區、青浦區毗鄰，面積達606
平方公里。松江距離市區較遠，但有不少風景如畫
的景點，例如廣富林文化遺址、泰晤士小鎮、醉白
池等。雲間糧倉和泗涇古鎮翻新後，近兩年重新開
放，不少舊點新玩的地方亦非常誘人玩樂。

一日遊建議路線

醉白池公園 ▶ 雲間糧倉 ▶ 泰晤士小鎮 ▶ 泗涇古
鎮 ▶ 泗涇夜市

交通方式

| 地鐵 | 9 號線 ⟶ | 醉白池站
松江新城站
松江大學城站
泗涇站 |

泗涇夜市

2023年升級

金脆皮大烤

地 松江區泗涇三湘商業廣場

時 週一至週日 18:00~24:00

交 地鐵 9 號線泗涇站 3 號出口對面

大眾點評松江區觀光街區好評榜 第 4 名

雲間糧倉、泰晤士小鎮、泗涇古鎮、泗涇夜市是來松江的四大推薦景點，觀光吃喝兼而有之。先介紹泗涇古鎮附近的泗涇夜市——是**上海最大夜市**，位處於地鐵口旁，200米的小食街充滿濃厚市井煙火氣。於 2023 年初疫情開放後升級，有不少新小店加入，使集市更熱鬧，選擇比想像中多，可以掃街掃到爽~

▲ 各式鴨貨、雞爪、小海鮮，友人嚐了點後表示要買回家。

▲ 逛夜市和吃自助餐一樣，都必須面臨眼闊肚窄的難題，行了一圈，最吸引我的是這個 mini 生煎包，不知為何令我聯想到香港地道小食名物：燒賣。一口一個，滿足非常！

▲ 再來一個魷魚年糕，花不到 RMB50 便棒着肚子走了。

◀ 小食：雞蛋灌餅、炒年糕、烤魷魚、長沙臭豆腐、蚵仔煎、蝦滑、關東煮、開花大香腸、滷味，再來點麻辣辣燙兩元一串。

主食：肉夾饃、炒麵、炒飯、壽司、迷你生煎包⋯⋯

甜品：梅花糕、冰粉、椰奶凍、tiramisu⋯⋯

夜市美食不能盡錄！人均消費 RMB50~60 已吃到很飽，溫馨提示：小食大部分是碳水，重視身材管理的親們，嗯，安排在"open day"來吧！

泗涇古鎮

地 松江區泗涇鎮開江中路與泗涇江川路交叉口
時 09:00~17:00
交 地鐵 9 號線泗涇站（需轉巴士或打車）

來到泗涇夜市，沒有理由不到泗涇古鎮逛一逛。上海有數個歷史悠久的古鎮，在地鐵站附近的不多，但泗涇古鎮是其中一個！泗涇古鎮有 1,700 多年歷史，老街的建築保留了清朝和民國時期的氣息，最近經過修繕後重新開放，加入了不少新店，在古色古香的風味之上不斷注入現代化的氣息，感覺煥然一新。

▲ 整個古鎮面積不大，進內右面便是安方塔，塔高 35.1 百米，直徑 12.45 米，呈七層八角樓閣式設計。

▲ 夜景燈光閃閃，別具特色。

▲ 夕陽配古鎮，好一個禪意盎然的午後。

▲ 古鎮內有報業巨子史量才和復旦大學老校長馬相伯故居（16:00 閉館，參觀的話要注意時間），以及設有各種展覽，可以了解松江歷史。

▲ 古鎮內有幾家新咖啡店、茶館、甜品屋，打卡位不少，走走看看可以逛上一兩個小時。

＼ 2023 年 9 月 OPEN ／

一尺花園（寶輪堂店）

🏠 松江區開江中路 368 號（泗涇古鎮內）　🕐 週一至週日 10:00~22:00

🏃 **大眾點評泗涇鎮咖啡廳好評榜第 1 名**

寶輪堂建於清代中期，由泗涇巨商汪寶琳所建，俗稱開「汪家廳」。該建築極具規模，距今日有 300 多年歷史。2023 年 9 月新進駐的一尺花園，讓古建築煥發出陣陣青春和活力。內裏空間大，佔地約 1,800 平方米，座位間隔寬敞，環境雅致。

▲ 不得不讚，一尺花園選址真的絕，在古建築內糅合西式家具和西餐咖啡，古宅新生，韻碧生輝。

雲間糧倉

地 松江區松匯東路 327 號

時 09:00~17:00

交 最近地鐵站為 9 號線醉白池站

▲ 這個集歷史與文化於一身的活化園區，整體感覺有點像香港的牛棚。

🏃 **大眾點評松江區觀光街區好評榜**
第 3 名

松江是上海之根，在西晉時別稱雲間。雲間糧倉位於松江區南部，佔地面積 136 畝，共 60 多棟建築，是具有歷史、工業文明以及傳奇故事的工業遺產。這個糧倉在上世紀 50 年代曾有米廠、麵粉廠及飼料廠等進駐，後來八號橋集團遵循「修舊如舊」的概念，定位「科創＋文創＋體創」，把這裏搖身一變，成為今日的文創園區。

創意區是**中國國家 3A 旅遊景區**，亦是打卡勝地，內有酒店、藝術館、劇場、各式各樣的餐館：日式居酒屋、中式火鍋、咖啡廳、茶室，每一家的設計都各具特色。而中庭位置則有小攤位，適合小朋友玩樂，亦有培養青少年創作力或是運動能力的俱樂部，還有非常厲害的啤酒博物館，無論甚麼年紀來到這裏都可找到心頭好！

◀ 從大門走進去，不到 3 分鐘就看到在居酒屋門口有一隻很大的龍貓在迎接遊客，實在太可愛。

▼ 魔都最大的啤酒博物館：啤酒阿姨，面積超過 4,000 平方米，長長的吧台，有過百種來自世界各地啤酒可品嚐。下午來拍拍照，吃飽飯再來喝上一杯，一樂也！

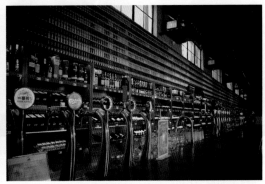

古倉

🏠 松金公路雲間糧倉東 29 號

🕐 週一至週日 11:00~14:00，17:00~21:00

🧑 大眾點評松江區創意菜人氣榜第 1 名

置身於雲間糧倉之中有一種穿越時代的感覺，正躊躇食吃甚麼，路過這家深深被其顏值吸引。看到很多人打卡，心想說不定只有拍照好看，皆因太多網紅店名過於實。不過古倉確實有驚喜，洞穴工業風裝修，挑空弧形拱頂、灰白極簡風格，以為價錢很驚人，一看，價錢意想不到的合理，性價比超高！

當日午餐時段三人入座，點了七道菜：老壇芝麻蟹、蟹籽沙律、冠軍黑松露薯條、冰火雞、臘腸筍乾、蜂蜜苦瓜刺身、棉花糖蛋糕；有海鮮有甜品，人均約 RMB120。我們坐了 1.5 小時，拍了二三十張照片，快樂無價。

▲ 環境設計實在很讚，餐廳有兩層，除了公共區域，還有包房，可以預訂。

▲ 冠軍黑松露薯條。

▲ 蜂蜜苦瓜刺身，消熱消暑。

和三五知己到雲間糧倉遊玩是很快樂的，但它的缺點是不近地鐵站且離市中心很遠。不過，若想體驗繁榮昌盛外，有點古老特色的上海，建議找一整天來松江，從雲間糧倉，到泰晤士小鎮，再到泗涇古鎮和夜市一日遊，看看上海的另一面。

▲ 老壇芝麻蟹（RMB78），兩隻蟹還有花蛤和年糕，重點是：沒有重油重味，非常好吃兼抵食！

▲ 棉花糖蛋糕看到都很甜，粉紅色棉花糖樹、小蛋糕和奶凍，建議拍照後先把棉花糖樹吃掉，不然很快融化。

2022年6月 OPEN

YOUNG 美術館

地 松江區三新北路 900 弄 910 號
時 10:00~16:30
票 免費
交 最近地鐵 9 號線松江大學城
站（之後打車約 RMB20）

▲ 美術館位於泰晤士小鎮核心位置，四周很有歐洲風味。

YOUNG 美術館是集展覽、研究、收藏、國際交流、公共教育、文創產業等於一身的民營藝術館，佔地 3,000 平方米，共有三層六個展廳。以「追求人與自然和諧共處的理想之境」為設計理念，藝術館設計具有時代感，連接當下與未來的時空長域。

▲ 奪目紅色與小鎮的英倫風很是合拍。

▲YOUNG 美術館有星際熊店，星際熊 Cosmos 作為新一代原創潮玩 IP 傳遞着探索、包容、無限的理念。

泰晤士小鎮

🅖 松江區三新北路 900 弄

🅣 全天開放，全年無休

泰晤士小鎮全天開放，帶你全天候走進歐洲風情。不少英國朋友說這裏還原度很高，想遠離繁囂的朋友，可以花一天過來松江體驗英式風情。正因為遠離繁囂，這裏交通不是太便利，地鐵 9 號線至松江大學城 1 號口出，要打車過來，但在這裏逛兩三個小時也很是舒暢。

▲ 泰晤士小鎮是一個以英式風格建設的商、住、旅遊區域。

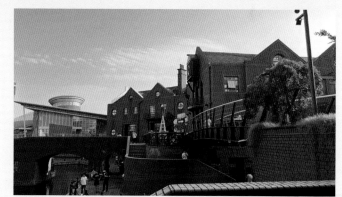

▲ 松江一日遊小貼士：

我當天的行程安排是：約 10 時多先到雲間糧倉，在那裏逛和吃午餐，再打車到泰晤士小鎮留了兩個多小時。大約 4 時到達泗涇古鎮，逛一逛，喝杯咖啡，7 點多到夜市掃街，一天下來行程豐富但不至於太趕。

◀ 特色景點包括天主堂、市政廣場、泰晤士河和旁邊的咖啡店。這裏是不少電影（如《小時代》）取景的地方，且每天都有人來拍婚紗照，

MAP

喜來登酒店

嘉定北

嘉定州橋景區

上海藍宮
大飯店

嘉定西

上海大學
(嘉定校區)

上海地鐵11號線

嘉北郊野公園

墨玉北路

嘉安北路

上海橋城高速

上海國際
賽車場

白銀路

上海養樂多工廠 ❸

上海賽車場

嘉定新城

百安公路

馬陸

安亭北站

寶安公路

安亭老街

兆豐路 安亭

上海汽車城

昌吉東路

同濟大學
(嘉定校區)

❹

上海汽車
博覽公園

上海穎奕
皇冠假日酒店

曹安公路

杭瀏高速

博園路

❶ 嘉源海美術館 ❷ 南翔印象城 MEGA ❸ 嘉定區規劃展示館 ❹ EF park 動力方程賽車公園

東方假日田園

1 大裕村

馬陸葡萄
主題公園

劉翔公路

澄宜公路

瀏翔東路

翔翔路

嘉閔高架路

2 陳翔公路

南翔

古猗園

南翔古鎮

南翔北站

封浜　樂秀路　臨洮路

上海地鐵14號線

嘉定區

嘉定區前身是嘉定縣，有 800 多年建縣歷史，位於上海市西北郊，面積為 464 平方公里，區境與寶山區、普陀區、長寧區、閔行區、青浦區和蘇州市下轄的崑山、太倉兩縣級市相接。嘉定距市區超過一小時車程，但亦有不少傳統和新興的旅點，來吃個特產南翔小籠包，遊一遊古鎮，再來逛逛美術館，一天很滿足。

一日遊建議路線

南翔古鎮 》南翔印象城 MEGA 》嘉定區規劃展示館 》養樂多工廠 》嘉源海美術館 》嘉定 EF park 動力方程賽車公園

交通方式

地鐵	11 號線	南翔站 陳翔公路站 嘉定新城站 白銀路站 安亭站

2023年11月 OPEN

嘉源海美術館

地　嘉定區大治路 39 號
時　10:00~16:00
票　免費，特別展覽除外
交　大裕村公交站步行 260 米，或在 11 號線白銀路地鐵站打車前往

🚶 大眾點評嘉定區展覽館好評榜第 4 名

世界著名建築設計師安藤忠雄設計的嘉源海美術館於 2023 年 11 月正式與大眾見面，美術館由南北兩個相對獨立的長方體建築構成——北棟是藝術公共區域，南棟是藝術品展覽空間。建築風格極具線條感，場館以外是八平方公里生態陸地、千頃葡園，四周水林環繞，自然光影在建築物之間自然流動。開幕正值秋天，美術館周圍一片金黃，看着令人心曠神怡。

▲ 在大上海不想每天遊走於商場內的話，可以走遠一點點，來到嘉定感受郊區的寧靜。看着一片麥田，感受微風和陽光，是下午最好的消遣。

▲ 到訪當天展廳正在展出主題展覽：《安藤忠雄：光影自然》

▲ 一樓有閱讀空間和展覽，二樓有咖啡吧。這杯山楂咖啡不得了！甜甜酸酸中和了咖啡的苦澀，帶來一個恰到好處的味覺衝擊。

▲ 藝術館在葡萄園內，景色很美，對面就是酒店，不過交通不太方便。

▲ 安藤忠雄乃非科班出身，全靠自學成才的一位建築界傳奇人物，他曾獲得普立茲克獎，被譽為「清水混凝土詩人」。建築風格簡潔，嚴格地遵循着幾何構圖原則，又喜歡突顯建築與自然的融合。

南翔印象城 MEGA

地 嘉定區陳翔公路 2299 號

時 10:00~16:00

交 11 號線陳翔公路站 3 號口，步行 330 米

「印象城」系列近年在中國迅速發展，以多元集大成和特色室內設計吸引顧客。定位為「一日微度假勝地」的南翔印象城 MEGA 是上海西北最大的商業體，叫得 MEGA，賣點就是大 —— 總面積約為 340,000 平方米。而且包羅萬有：國際品牌、藝術商業，還有五層全是餐廳，基本上是提供全方位照顧；內有逾 30 個品牌，首店和新概念店比例佔 50%，要細心地逛可以花上一整天。

▲ 商場其中一個特色是其據說栽種了二百多種熱帶雨林植物的生態植物園「覓境‧森林」，內裏更有英國藝術家 Luke Jerram 帶來的「超級月亮」，視覺上還真是震撼！

◀ 商場內這個像雀籠的設計很特別，忍不住多拍兩張照。

封記南翔小籠 （B1-09A）

🕐 10:00~21:00

來到南翔，當然要吃小籠包。被櫥窗裏製作中的「小蟹山」吸引，適逢大閘蟹季節，立即點了一個手拆蟹粉鮮肉小籠包（RMB42）和手工蟹粉春卷（RMB16）。

➤ 食材新鮮，不過味道非常「流水線」，這個價錢蟹粉亦不見得很多，只可當是過口癮。大商場內的餐飲，老實說味道都非常一致。如果想吃正宗小籠包，建議到老店、小店尋寶。

點都德 (L5-22/23)

🕐 10:00~21:30

作為嘉定區粵菜熱門榜第一名、廣州老字號、非物質文化遺產保育單位的點都德，在 1933 年已經開始做點心，粵菜愛好者可放心——衝啊！

▲ 上菜速度很快，出品亦非常「廣東」，推薦金沙紅米腸、蝦餃王、鳳爪，單叫點心價位 RMB30 至 40 多一籠。套餐就抵食好多，3~4 人套餐才 RMB268，價錢合理，我那位粵菜胃的媽媽吃得津津有味

嗎啦嗎啦泰式麻辣燙 （B1-12b）

🕐 10:30~21:30

近幾年不少人進行低碳飲食，而吃麻辣燙就可以自由選擇健康的配料。這一家泰式麻辣燙的冬陰功湯非常讓人回味，不論在那個大型商場見到它，也會很想立刻進去點菜！

▲ 精品菜是海鮮，蔬菜類還包括不同的菌菇、葷菜是肉類，這一盤份量價格精品 21.45，蔬菜 6.7，葷菜 22.28，加上湯底 4 元，合收 RMB54.4。除了招牌泰上頭冬陰功湯，他們的泰鮮花膠雞湯亦非常不錯。

桂桂茶 (B1-k10a)

🕐 10:00~21:30

桂桂茶出售凍檸茶和雞蛋仔，非
常適合香港人的口味。

➤ 爆打檸檬茶
檸檬味十足。

附近遊點

南翔古鎮

🏠 嘉定區解放街 206 號　🕐 10:00~16:00
🚇 地鐵 11 號線南翔站 2 號口

大眾點評嘉定區景點 / 周邊遊熱門榜第 1 名

除了新商場，遊南翔還可以安排看古鎮。南翔古
鎮乃魔都四大古鎮之一，是上海西北一個有着悠
久歷史和濃郁文化的古鎮，可以看到南翔老街的
雙塔、市井小店、小橋流水和聞名的小籠包。

➤ 雲翔寺早在南朝梁天監四年（公元 505 年）已經建成，後來於太平天國時
期受到破壞，今日所見的雲翔寺（留雲禪寺）是在 1998 年重建的，內有鐘
樓、寺院可免費參拜。

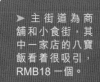

➤ 主街道為商
舖和小食街，其
中一家店的八寶
飯看着很吸引，
RMB18 一個。

嘉定區規劃展示館

2022 年 11 月 OPEN

地 嘉定區伊寧路 999 號

時 09:00~16:00（週日和一閉館）

票 免費需預約

交 地鐵 11 號線嘉定新城站 1 號口

▲ 老實説，來參觀真的有點驚喜，除了資料豐富和互動性強，整個展覽館的建築亦非常具美感，看一個城市規劃館，逛出藝術館的感覺。主建築前面的水塘和樹林，秋天一片金黃，非常亮眼。

嘉定區前身嘉定縣，有 800 多年建縣歷史，文化底蘊深厚，同時擁有豐富的非物質文化遺產資源，其中包括嘉定竹刻、徐行草編，和馳名中外的美食文化遺產：南翔小籠。

本來以為嘉定區規劃展示館是一個小小的展館，入內有點震驚，原來好 cyber，好多互動。展示館總建築面積約 6,871 平方米，整體以「創新活力城，宜居新嘉定」為主題，介紹歷史、城市規劃、科普教育、文化等資訊，全方位展示嘉定過去、現在與未來。參觀那天是週六，人不算多；可以先在微信小程序上預約，不過回鄉證好像預約不了，我是到現場登記的，亦成功入內參觀。

▶ 主展區分為三層，包括：人文之城、創新之城、生態之城，展館內的科技元素和互動裝置非常適合一家大小一起來體驗，真的可以做到「活力嘉定」。

▲ 體驗和展示廳非常受小朋友歡迎，還有遊戲賽車區域，父母簡直可以解放雙手；正因如此，展示廳成為很多父母週末遛娃的地方。

上海養樂多工廠

🅖 嘉定區伊寧路 986 號
🅣 週四休息
🅣 免費需預約

嘉定區規劃展示館的正對面就是養樂多（益力多）工廠，同樣是免費參觀，但需要提前預約。一般要預約兩到三週之後，所以有興趣的話，建議要早一點預約，電話：(021) 6237 5581。此外，工廠附近還有著名的**保利大劇院**和**嘉定圖書館**，可以預留時間去參觀打卡。

▲ 可在一小時的參觀中了解益力多小知識。

2022年1月 OPEN

EF park 動力方程賽車公園

地 嘉定區安亭鎮進明渡路 1001 號

時 週二至週日 10:00~18:00（週日和一閉館）

交 地鐵 11 號線安亭站 2 號出口，步行 880 米

來自法國巴黎的新動力品牌 Electric Formula，打造了內地**首個新能源賽車公園**，由前超跑與卡丁車（小型賽車）世界冠軍、法拉利樂園卡丁車學院設計師 David Terrien 設計，配以歐洲先進科技設備，大家可以在佔地 13,600 平方米的賽車公園，體驗賽車手的速度與激情。

成人版價值 20 萬（RMB）的電動卡丁車，少了汽油車酥麻的顛簸感和柴油味，更配有 BOOST 加速按鈕，極速快感，一陣爽！不止成人可一嘗方程式賽車手滋味，兒童專屬賽道也可以讓孩子體驗賽車夢！法國製的電動兒童卡丁車，最高時速 50 公里，可讓孩子安全又刺激地體驗彎道超車和競技體育的快樂。

◀ 成人版電動卡丁車，最高時速 80 公里，按完 BOOST 按鈕感覺可以衝出賽道，心率一度飆升至 122！

附近有另一個建築大師安藤忠雄出品的上海保利大劇院（白銀路 159 號），建築中水、風、光線等元素在幾何空間交錯融合，也是十分值得去參觀；外部建築免費參觀亦不需預約，但內部參觀的公眾開放日每月只有一次。

▲ 二樓有專屬的咖啡廳可以曬着太陽、喝着咖啡，實時觀戰。

▲ 藍白相間的法式設計賽車服，非常適合拍照打卡。

◀2023 年 11 月節假日的參考價格為：成人卡丁賽車體驗 RMB158，全項目 RMB216，兒童 RMB138，每人單次 8 分鐘，大約 10~15 圈，體驗前有 20 分鐘訓練指導，結束後還可以拿到專屬證書！

▲ 除了沈浸式體驗賽車手日常訓練的電動卡丁車，還有模擬賽車電競、無人機對戰、無人機競速等多個項目；而獨創的法式休閒城市露營區域，也很適合帶同小孩來個家庭同樂日。

① 蟠龍天地 ② 天空萬科廣場

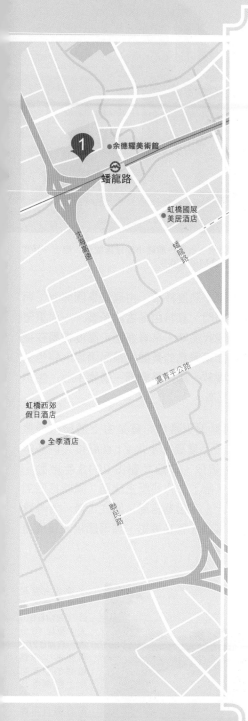

青浦區

青浦原為青浦縣，位於上海市西部澱山湖畔，毗連蘇州市的吳江區與崑山市，亦與松江區、金山區、嘉定區，閔行區相接。雖然青浦距離市中心較遠，除古鎮外亦較少旅玩熱點，但在 2023 年開發的新遊點蟠龍天地直接刷爆小紅書，新式餐飲娛樂和休閒遊點巧妙融合在小橋流水的古鎮景色中，非常值得一看！蟠龍天地與虹橋火車站和虹橋機場只隔兩三個地鐵站，有空還可順便逛逛大型 Outlet 奧特萊斯廣場。

一日遊建議路線

蟠龍天地 》天空萬科廣場

交通方式

地鐵	17 號線	蟠龍路站 徐盈路站

蟠龍天地

地 青浦區蟠鼎路 123 弄 8 號
時 10:00~22:30
交 地鐵 17 號線蟠龍路站 2 號口，
　步行約 400 米

大眾點評青浦區商場好評榜第 1 名

▲ 夕陽西下，倚傍着小橋流水，看着一艘艘小船緩緩駛過，喝上一杯午後紅茶，吃件小蛋糕，是多麼的優哉游哉。

上海蟠龍天地自開業以來熱度持續，由瑞安集團開發，與馬當路的新天地師出同門，其特色是古鎮新裝，一面重塑古蹟文化，一面注入現代品味。來青浦區，高度推薦在這裏逛一天，古鎮內有江南氣息的景觀、精品酒店、特色文創小店、市集、各國餐飲、馬術俱樂部、購物中心、咖啡店、美術館等，應有盡有。

蟠龍鎮最早的記載可追溯到隋代，曾是古上海域內最興盛的城鎮之一。經盡千年變更，步入 21 世紀後，許多本地人搬離，房屋開始破敗。改造計劃由 2018 年啟動，到 2023 年開業，既保留了文物和歷史建築，同時把四周的面貌翻新，傳承「十」字街巷格局，龍江古渡、古寺鐘鳴、程祠故里、曲水縈居、香花橋影、煙雨廊橋、溪橋漁泊⋯⋯不是一般的詩意。

◀ 龍江古渡是特色的體驗項目，RMB50/人，單程 15 分鐘，RMB200可包船；未體驗過的朋友可以上船感受江南文化，但在節日假日可能要排上差不多一小時。

Camp33 露營烤肉・日咖夜酒

🏠 蟠龍天地庵市街 AS109 號

🕐 10:00~22:00

🚇 地鐵 17 號線蟠龍路站 3 號口，步行 950 米

🏃 大眾點評青浦區日本菜熱門榜第 2 名

走過 Camp33，營地響起了熱鬧聲音。天色漸暗，帳幕下的人圍着爐火，分享美食的同時，也閒談笑語，在傍晚的微風中盡是咖啡和烤肉的芬芳。大家逛街逛累了可以來邊聊天邊觀賞落日，氛圍感十足，而且露營烤肉套餐人均不到 RMB200。

騎樂馬術

🏠 蟠龍天地 6 號 SZ07、SZ09、SZ201 室

🕐 冬令 09:00~12:00，13:00~22:00；夏令 08:00~12:00，15:00~22:00

🎫 體驗課 20 分鐘 RMB388，45 分鐘 RMB700

🚇 地鐵 17 號線蟠龍路 6 號口

🏃 大眾點評上海運動培訓熱門榜第 1 名

連鎖馬術品牌「騎樂馬術」，可謂把馬術平民化做得異常成功，他們以馬術體驗和運動為切入點，提供社群活動、品牌零售、生日派對、主題旅行、賽事組織等多種業務，除了服務馬術運動愛好者，更有效地將馬術推廣至生活當中。他們在內地有近 20 間門店，而蟠龍天地店的特色是可以在古鎮裏騎馬！

▲ 騎樂馬術的課程與武漢商學院國際馬術學院共同研發，並結合國際權威 PONYCLUB 認證，課程包括騎乘課（澳洲 Pony club 教學體系）、能力課（馬房工作、戶外探索、馬匹護理等）和文化課（馬術知識和禮儀、手工創作等）。有專人指導參加者體驗馬術，以保障客戶安全，各年齡層都可以去體驗。

余德耀美術館

- 地 蟠鼎路 123 弄 8 號
- 時 週二至日 11:00~19:00（週一休息）
- 票 RMB60
- 交 地鐵 17 號線蟠龍路站 3 號口

大眾點評青浦區展覽館好評榜第 4 名

美術館不一定以「大」取勝，別具特色更讓人印象難忘。余德耀美術館就是這樣的一個存在，倚伴在蟠龍天地的商業區旁，將自然與傳統、現代和古風融為一體。它的前身是蟠龍藝術中心，入內無需提前預約，掃門口的二維碼可即場預約參觀。整個美術館佔地不大，建築卻別具韻味，有如在古宅中欣賞藝術品，氛圍感滿滿。

▲ 門口呈 Y 字設計，非常容易找到。

\ 2022 年 5 月 OPEN /

繪璟酒館

- 地 蟠龍天地十字南街 SZ136
- 時 10:00~22:00
- 交 地鐵 17 號線蟠龍路站 2 號口

▲ 店內外的日式裝潢很適合打卡，喜歡品酒的朋友可和坐下店員慢慢交流，甚有回到古時酒館的風味。

◀ 投醪出自《幼學瓊林·卷三·飲食類》：「畢卓為吏部而盜酒，逸興太豪。越王愛士卒而投醪，戰氣百倍。」將酒投入河中，與士兵共飲，比喻與士兵同甘共苦。

繪璟酒館始創於 2008 年，寓意描繪和弘揚黃酒的美好。承越王「投醪」之意，研發出一種含糯米酒的新式咖啡。不得不承認，我絕對是被這一個酒壺咖啡的造型吸引入內的，古鎮配酒壺，真是 perfect match！下午不太想大杯大杯乾的，另有特調咖啡可供選擇。在蟠龍天地走累了，來到繪璟酒館稍坐片刻，享受一刻微醺樂趣。

◀ 意猶未盡的，可買整瓶或帶禮品裝回家。

布蘭兔

📍 蟠鼎路 177 弄 2 號 SZ139
🕐 10:00~17:30
🚇 地鐵 17 號線蟠龍路站 2 號口

路過這間精緻小店，立即被其色彩繽紛的擺設吸引，走近原來是賣茶與茶具的。店員說他們的老闆讀設計出身，所以親自設計出很多令人愛不釋手的茶具包裝。老實說我不是那種看到甚麼就買甚麼的遊客，但這次真的抵受不了他們精緻的設計，和非常合理的價錢。是的，我抵受不了誘惑買了四套茶具連茶葉回家！

▲ 小兔兔茶壺和擺設都很可愛。

◀ 茶具連茶葉，一套約人民幣一百多到兩百多，茶葉種類和品種可以挑選，送禮自用都非常不錯。

◀ 木質房子恍如走進童話小屋，主題也是愛麗絲夢遊仙境。

肥汁米蘭

📍 蟠龍天地南市蟠龍市街 PL128 室
🕐 10:00~21:30　🚇 地鐵 17 號線蟠龍路站 3 號口

🏃 2020-2022 蟬聯大眾點評上海米線排名榜第 1 名

很多香港人都有「米線情意結」，去旅行也心心念念。在上海吃碗香港米線並不是甚麼難事，這間肥汁米蘭在全上海有逾 30 家分店，不少大商場都有其影蹤。蟠龍天地這一家不過不失，份量大，雖然算不上人間美味，但絕對有一點香港的風味。

➤ RMB48 招牌炸醬叉燒小窩米線。加餸由 RMB 4 到 18 不等，一樣有得揀辣度和酸度，米粉薯粉免費續。

天空萬科廣場

▲ 餐飲店舖分佈在商場的內街和外街，父母在餐廳戶外區吃飯時，小孩就可以在旁邊玩耍。

大眾點評虹橋樞紐周邊購物好評榜第 1 名

▲ 五樓有一個超級運動中心，包括屋頂休憩花園、戶外運動區域、智能籃球和版式網球場，還有鞦韆、平衡木等設備，另有滑板場在營業。

▲ 青浦區與市中心有一定距離，所以遊客並不多，但若計劃花一天到蟠龍古鎮，也可以去這個新型商場順道一遊。這裏不時有市集擺攤，假日熱鬧非常。

地 青浦區崧澤大道 2229 弄 66 號
　（UNICITY 萬科天空之城）

時 10:00~22:00

交 地鐵 17 號線徐盈路站 4 號口

上海天空萬科廣場是面積約達十萬平方米的大型商場，以「親子、運動、社交」為三大關鍵字，引入逾 200 個品牌。這個商場最具特色的是超級照顧小朋友，戶外開放空間中設置了不少兒童遊樂設施。

大眾點評青浦區小吃快餐好評榜第 1 名

Charlie's（1 層 L-54）　🕐 10:00~22:00

看到很多人打卡推薦這家店，一直想試，這天走到萬科，人不多，立即入內。搶眼的 Black & Pink 設計很有酒吧的感覺，除了傳統培根雞蛋芝士漢堡、炸雞漢堡等，他們常常都會推出創意新品，舉例有芝士通心粉炸雞漢堡和最新推出的甜甜圈堡。

價位屬於中檔，單份芝士漢堡 RMB42，甜甜圈漢堡 RMB55，雞中翼 RMB55 一份；雖然主打漢堡，但店內設計像酒吧，他們還真的有含酒奶昔，一律 RMB55，口味包括火球肉桂香草、咖啡曲奇等，頗具特色。

▲ 鼓足勇氣，點了這個七彩繽紛又鹹又甜的甜甜圈堡；不得不説，創意的確是有的，雖然味道也是可想而知的一言難盡，但以漢堡來説，口感還是不錯的！

▲ 黑粉系列，不知道會否吸引 BLACKPINK 的粉絲，當日目測有不少年輕人嘗試。

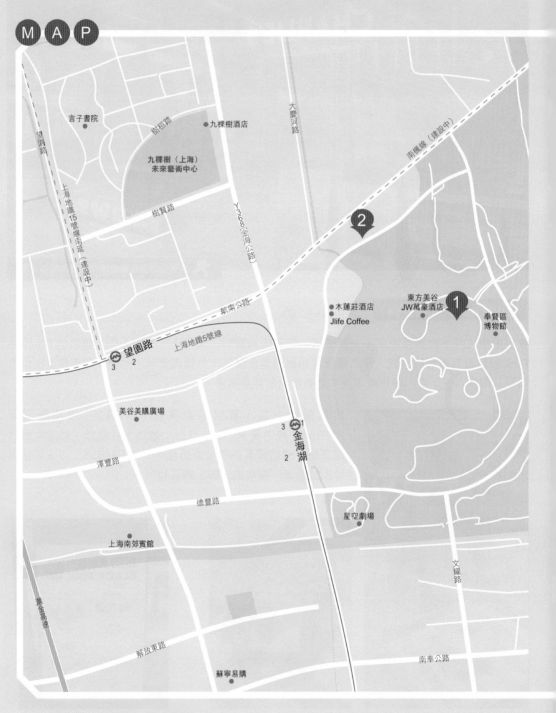

M A P

言子書院

九棵樹酒店

九棵樹（上海）
未來藝術中心

樹垣路

樹賢路

望園路

上海地鐵15號線南延（建設中）

Y3608（金海公路）

大慶河路

南楓線（建設中）

航南公路

木蓮莊酒店
Jlife Coffee

東方美谷
JW萬豪酒店

奉賢區
博物館

② ①

望園路
上海地鐵5號線

美谷美購廣場

金海湖

澤豐路

德豐路

星空劇場

文耀路

上海南郊賓館

瀝金高速

解放東路

蘇寧易購

南奉公路

● 上海之魚（金海湖） ● 齊樂湯

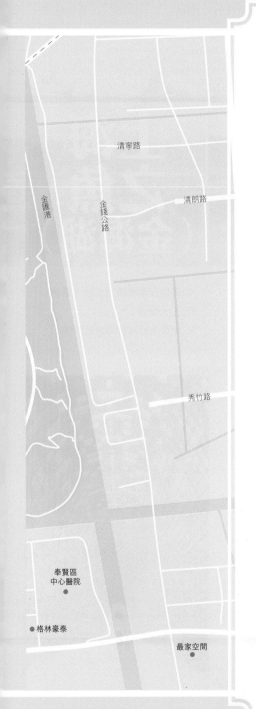

奉賢區原為 1726 年（清雍正四年）設立的奉賢縣，
東鄰浦東新區，並與金山區、松江區，閔行區相
接。由市中心到奉賢區坐車大概需要兩小時，所以
建議安排一整天到這邊旅遊：行程先到九棵樹（上
海）未來藝術中心，再騎車或步行到上海之魚，在
景觀湖遊玩後過一條小馬路就是齊樂湯溫泉，以泡
溫泉來為一天行程畫上完美句號。行程適合旅遊時
間較充裕，又想擁有悠閒安靜的一天的自然愛好者。

一日遊建議路線

九棵樹（上海）未來藝術中心 》上海之魚
》齊樂湯

交通方式

地鐵 ----- 5 號線 -----▶ 望園路站
金海湖站

上海之魚（金海湖）

地 奉賢區南橋鎮湖堤路 178 號
時 全天開放
交 地鐵 5 號線金海湖站 1 號口

✘ 大眾點評奉賢區公園／廣場好評榜第 2 名

金海湖由國際規劃設計大師、杜拜「棕櫚島」主創設計師拉瑞‧奚伯斯設計，俯瞰像一條魚的形狀，因此又名「上海之魚」。它是**上海第三大人工湖**，整個區域遠離繁囂，非常適合想要吸收大自然養分的朋友來跑步、騎車和度假，享受一望無際的天空和植物。裏面還有生態休閒景點「泡泡公園」，很適合帶小朋友放電、放鬆。

喜歡在郊區放空的朋友，想盡情一點可以來租住一晚東方

▲ 在這裏可以花掉一整天，雖然沒有很多遊玩項目，但勝在能與大自然接觸，假日會有家長帶着孩子來放風箏和露營。每年秋季更有一大片紅葉，很多人特意前來拍照。

▲ 拱橋迷幻光影走廊是打卡點之一，拍攝出來實在非常宏偉。

美谷 JW 萬豪酒店──2022 年開業，四面環水，每個房間都有無敵湖景或是園景。除了天然景觀，「上海之魚」附近還有奉賢區博物館（新館於 2019 年 5 月起營運）、青年藝術公園和 2023 年 9 月剛開放的言子書院。

▲ 旁邊的裝置也非常適合拍照。

▲ 地方太大，走路可能會花費較多時間，可以掃碼自助租觀光四輪車。我參觀的時候是冬天，樹上葉子紅橙黃交替斑駁，配以夕陽徐徐落下，在園區內看着風景聊聊天踩踩車，甚為寫意。

齊樂湯

地　奉賢區南橋鎮湖堤路 399 弄
　　369 號

時　00:00~23:59

交　地鐵 5 號線望園路站 1 號口，
　　步行 1,500 米

近兩、三年在上海開業的湯泉不少，設計有特色的亦很多，但這家真心推薦：日式櫻花主題湯泉館「齊樂湯」。這個面積 20,000 平方米，可以容納 4,000 人的大型溫泉館，未步入大門已經被其豪華的外觀震驚了！

換上日式休閒服，就可以入內先洗澡再泡浴。值得一提的是這家採用的是日本進口軟水系統，洗澡沐浴都感覺到水很絲滑，泡個湯精神煥發了許多。設施方面，餐廳、電影大廳、麻雀室、大型兒童樂園、休息小屋等應有盡有；休息區也不少，各個樓層都有。目測很多一家大細來玩，來奉賢一定不能錯過！

▲ 這裏有岩盤浴、室內和室外的泡湯；整個湯館共有六層，一至四層是項目，第五層是酒店房間，第六層頂樓為露天溫泉、游泳池，來玩一天很有到日本度假的感覺。

▲ 我最喜歡的是這個書屋，藏書設計實在太有 feel，穿上日式服裝拍照很好看，而且有很多漫畫可以借閱。

➤ CP 值實在是高，夜貓券（晚上 9:00 到次日 10:00）只需要 RMB 117！平日雙人成人門票加上火鍋自助餐也只需要 RMB379，女士想做個純色美甲加 RMB40 都不用。逛完上海之魚就再來享受一個晚上，一天行程完美結束。

▲ 休息小屋可看漫畫、小休，非常寫意。

▲ 供應 20 多種水果和各種大牌飲料，不怕泡湯泡到口渴。

融合藝術自然的文青熱點

位於上海市奉賢區中央生態林地內的九棵樹（上海）未來藝術中心，融合了藝術與自然，不妨來這邊賞風景、看劇場、逛書店，過一個藝術氣氛濃郁的半天。

九棵樹（上海）未來藝術中心

🅖 奉賢區樹桓路 99 號
🕐 09:30~22:00
🚇 地鐵五號線望園路站 2 號，步行 1400 米

上海有超過 50 家中、大型劇院，小劇場也有數十家，每天上演不同劇目，文藝活動愛好者肯定不會失望。九棵樹（上海）未來藝術中心是滬郊第一座 A 級劇場，亦是奉賢區唯一較具規模的劇院，主要上演戲劇、音樂會和一些兒童劇目。九棵樹劇場面積很大，分為 1,200 座主劇場、500 座多功能劇場、300 座主題劇場三個室內劇場，可同時舉辦超過 10 個演出。

▶ 藝術中心出自法國建築設計大師何斐德之手，整體線條流暢，陽光下拍照很美。

▲ 四周戶外空間很多，建築光影等設計甚具美感。

▲ 大隱書局，在九棵樹這家是第 12 家分店，是圍繞音樂、電影、建築、藝術主題的書店，旁邊是大白兔全球旗艦店。

大白兔全球旗艦店首店

🕐 09:30~20:00

見到大白兔 logo，童年回憶立刻被喚起！始創於 1959
年的大白兔奶糖，絕對是經典糖果的代表，但它仍不斷
追求潮流，除了糖果設計還在產品裝置上花了很多的心
思，在不少手信店和旅遊區都會看到大白兔奶糖的蹤
影。九棵樹中最耀眼的就是這一間大白兔全球旗艦店，
整個鋪面設計實在太可愛，內裏出售很多大白兔品牌的
周邊。

▶ 周邊產品很吸引，
已成為經典潮玩的 IP。

▲ 店鋪整體設計也很可愛，打卡一流。如今這麼多零食選擇，首選未必是大白兔奶糖，但看到這個熟悉的 logo，還是
有些情意結，忍不住買來回味。但溫馨提示：每粒白兔糖卡路里達 20 千卡，不建議一次過吃太多喔～

◄ 雖然店舖不大很快可逛完，但看到超大糖罐中有這麼多口味的大白兔奶糖，忍不住每樣帶一點回家。一小包還不到 RMB10，我最喜歡香蕉和酸奶味！

一尺花園（九棵樹店）

🏠 奉賢區樹桓路 199 號 8 號
🕐 10:00~22:00

🧍 大眾點評奉浦美食熱門榜第 1 名

在九棵樹欣賞完建築和風景，肚子餓了～看到有一尺花園，內心立即安頓許多，因為這間連鎖餐廳除了設計別具特色，食物出品亦非常可以。九棵樹未來藝術中心店在 2021 年開業，旋即成為大眾點評奉賢美食熱門榜第一名。

▲ 兩人點了一個雙人牛排甄選（RMB316）──是我一向給予高評價的香煎菲力牛排、花園秘製烤雞翼、花園肉醬麵和花園健康沙律。飲品選了美式咖啡和蜜桃烏龍茶，所有食物都是中上品質，不會踩坑。

▲ 除了正餐，這裏還有下午茶或蛋糕套餐，包含飲品和蛋糕，價錢約 RMB38~50。

▲ 整體環境有不少綠化和九棵樹的森林氛圍很統一，餐廳內坐得很舒服。小小的帳幕可以坐進去喝咖啡，營造出 camping 的感覺。

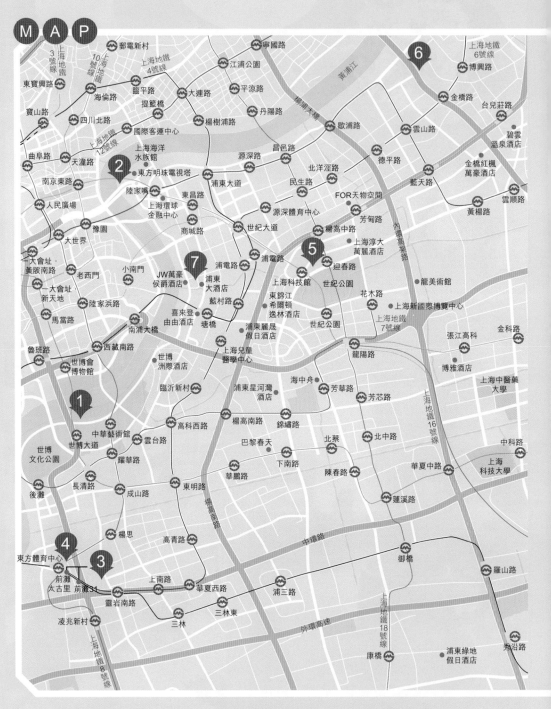

① 上海千古情 ② 浦東美術館 MAP ③ 前灘 31 ④ 前灘太古里 ⑤ 上海圖書館東館
⑥ EKA 天物創意園區 ⑦ 漾 SPACE 湯泉生活

浦東新區範圍包括黃浦江以東到長江口之間的區域，其面積很大，亦是上海市人口最多的行政區。2005 年，此區獲批成為中國首個國家綜合配套改革試驗區，很多地方仍在開發建設中。

旅遊點方面，著名的陸家嘴上海環球金融中心、東方明珠等都在浦東。內地首個迪士尼亦是坐落於此，在 2023 年底，更迎來了全球唯一的「瘋狂動物城」（Zootopia）主題園區。浦東的新遊點也很多，值得推薦的有上海千古情、浦東美術館、上海圖書館東館等，用一整天也未必能玩勻浦東！

一日遊建議路線

- 上海千古情 ▶ 浦東美術館 ▶ 漾 Space
- EKA 天物 ▶ 上海圖書館東館 ▶ 前灘太古里 ▶ 前灘 31（看表演）

交通方式

地鐵	線路	車站
	13 號線	世博大道站
	2、14 號線	陸家嘴站
	4 號線	塘橋站
	6 號線	金橋路站
	2 號線	上海科技館站
	18 號線	迎春路站
	6、8、11 號線	東方體育中心站

上海千古情

地 浦東新區上海市世博大道 1750 號

時 10:00~21:00

票 RMB 318（不少網上平台有團購，建議早一星期訂票）

交 地鐵 13 號線世博大道站 1 號口

▲ 千古情園區裏有很多大小不同的劇院、音樂劇場、演藝和森林劇場等，在裏面流連一天絕對沒有問題，而且有很多節目適合小朋友參與。

大眾點評浦東新區主題公園好評榜第 4 名

◀ 蹓躂在穿越街、時空街、千古情街，恍如回到舊上海。

早於它剛開業時，就聽朋友強烈推薦，心想：廣告宣傳是「一生必看的演出」，有無咁值得去吖？終於前來一探究竟。打算玩三個多小時，結果玩了快五個小時，要不是訂了怡吃晚飯，還是有點不願走。「上海千古情」位於黃浦江畔世博園區，是浦東一個全新景區，於 2023 年 7 月正式營業。創立園區的宋城集團乃中國大型文化旅遊綜合體的打造者，在內地各地包括杭州、西安、三亞等地都有「千古情」，這次落戶上海，加入濃濃的人文和歷史元素，造就了一個穿越時空的景區。

重點推介的是大型歌舞《上海千古情》，場景十分震撼、視覺藝術豐富多元，驚喜不斷。一小時的演出分為〈申滬溯源〉、〈滬上傳奇〉、〈覺醒年代〉、〈風從海上來〉四幕，再現了從戰國時期到新時代的上海，演繹了上海的前世今生。下午和晚上演出相同，設計行程時比較有彈性。

▲《上海千古情》演出，實在十分值得來看！

▲ 處處都是拍照的地方，但怎樣才可融入歷史情景當中？「摩登換裝館」裏面有數千套不同尺寸的服裝可讓你換裝。我換了一套「軍閥太太」服裝，不包造型，一天的租衣價格為 RMB148。另有包造型的租賃套餐（RMB198/套）；包寫真的套餐（RMB 466/ 套，包造型、12 張無修底片、3 張精修電子版照片）。

▲ 現場所見不少人都有換裝，不怕麻煩的話亦可以自備旗袍。如需即場試衫、化妝造型要花上差不多一小時，建議預好時間。

▲ 千萬要留意在穿越街的穿越之旅快閃表演，彷若一瞬間回到歌舞昇平的舊上海，隨表演結束全場雪花緩緩飄落，實在太有氣氛！

▲ 推薦觀看半小時的《大地震》演出，關於 512 大地震故事，即場招募觀眾，參與度、互動性十足。重現大地震救災那一幕，看得有點揪心。

地 浦東新區濱江大道 2777 號

時 10:00~21:00

票 夜場 RMB80（週一至週五）；
RMB120（週末及節假日），
（身高 1.2 米以下免費）

交 地鐵 2/14 號線陸家嘴站 1 號出
口，步行 620 米

浦東美術館坐落在陸家嘴浦東金融中心，地理環境優越，整體呈現為一個米白色的大型花崗岩建築，由法國建築設計師 Jean Nouvel 與其事務所領銜設計。置身美術館中，一眾著名建築群及陸家嘴摩天高樓盡入眼簾，黃昏景色極美，旁邊有著名的「魔都三件套」和東方明珠。

◄◄ 館體中央區域的中央展廳是美術館的特色展廳之一，展廳底層高 34.4 米，每一層都有地方讓參觀者在不同角度欣賞藝術品，使整個視覺體驗變得豐富。國中可見展品「引力劇場—徐冰」；徐冰的創意文字從二維到三維貫穿整個空間，整個設計非常震撼。

美術館共有六層 13 個展廳，在第二層側門有一條長 53 米的廊橋，與沿江景觀銜接，是必看點！另有鏡廳大型的玻璃鏡面對著浦西播放，從建築外面看來是一場露天的燈光秀。溫馨提示：節假日比較多人帶着小孩過來，有機會影

響觀展體驗。美術館設有夜場，個人認為人流較少，性價比較高，而且美術館戶外的黃埔江夜景無懈可擊，誠意推薦！可於浦東美術館小程序、大眾點評等購票，購票前請確定參觀日期（購買後不用預約，掃二維碼進館）。

▲ 不少國外著名作品會在浦東美術館展出，來參觀前可先留意展期。

▲ 在天台可近距離和東方明珠合影。

▲ 門口有 Manner Coffee 和文創店，紀念品頗有特色。

◀ 步行 7~8 分鐘就會到達上海海洋水族館（浦東新區陸家嘴環路 1388 號）和東方明珠，可以在行程上一併安排。

2023 年 9 月
OPEN

前灘 31

▲ 前灘 31 演藝中心劇院

地 浦東新區高清青西路 777 號
交通銀行前灘 31 演藝中心

時 10:00~22:00

交 地鐵 6/8/11 號線東方體育中心站，步行 480 米

前灘 31 是一個**商業文化綜合體**項目，總面積超過 21.5 萬平方米，主要包括大型綜合文化演藝中心、潮流文化商業空間、36 層甲級寫字樓和 202 間客房的上海前灘 31 雅辰酒店，榮獲第九屆 Credaward 地產設計大獎。可從在浦東新區地鐵站上海體育中心站直達，旁邊是太古里，選址極度方便，周邊住宿飲食旅遊一應俱全。

▲ 在前灘 31 小程序可直接購票，另外某些 APP 裏有折扣。入場前需要安檢，故建議提前 20 分鐘到達。

交通銀行前灘 31 演藝中心由英國 Theatre Projects 規劃設計，擁有一個 2,500 座的現代大劇院和一個 1,500 平方米的黑盒子演藝空間，可以滿足各種表演活動的需求。走進劇院第一眼被其古樸的木質結構設計震撼到，作為上海最新的室內劇院，卻蘊藏着傳統的韻味。這邊不時有世界各地的巡演，值得預留時間欣賞。

▲ 我觀賞了經典芭蕾舞劇目《天鵝湖》的新版演出。作為觀眾整個體驗都非常好，華麗的格局和包廂非常壯觀。

▲ 飲食方面，前灘 31 有大大小小大概 20 家食店，選擇算是不錯。除了大家熟悉的麥記和星巴巴，下面有個小 food court 選擇亦多。

\ 2023 年 9 月 OPEN /

Secret Flavor 秘之味椰漿飯 （前灘 31 樂薈店）

🏠 海陽西路 666 弄 15 號地下一層 B1-11 單元

🕐 10:30~21:00

🚶 大眾點評前灘東南亞菜口味榜第 1 名

睇 show 之前當然是「搵食」，時間充裕的話可在旁邊前灘太古里慢慢選擇，若時間緊迫或直接開車來的朋友，不妨到前灘 31 地牢 B1 樂薈看看。發現有間馬來西亞菜，剛開業不久，看到菜牌有椰漿飯就被吸引進來。小店大約可坐 35 人，正餐外還有不少甜飲和甜品。

▲ 秘製雞腿椰漿飯套餐（RMB53）：

十分驚艷！椰漿飯一點都不油膩，清爽容易入口，每一粒都有椰漿香氣。那雞腿，真沒有騙人，大雞腿外表香脆但肉質鮮嫩，秘製醬汁亦非常惹味，令人吃得愉快。套餐配以香茅薏米水，香茅味突出，沒有過多的糖分掩蓋薏米香。套餐另有咖哩牛肉椰漿飯單人餐（RMB 62），雙人餐（RMB 168）和四人餐（RMB 558）。

前灘太古里

地 浦東新區東育路 500 號

時 10:00~22:00

交 地鐵 6/8/11 號線東方體育中心站，步行 80 米

大眾點評浦東新區商場熱門榜第 1 名

在浦東除了去陸家嘴看三件套打卡，近年開發的太古里一帶亦很值得各位朋友過來逛逛。項目最大的特色是**開放式街區建築**和**單層 450 米天空環道**，吸引眾多大牌 Hermes、LV、Dior、Tiffany 等進駐，不時有大型裝置和快閃。設計以健康為中心，有中央公園、屋頂跑道和不少戶外區域，使得整體空間感更大。

➤ 由 5+design 設計的前灘太古里位於上海浦東新區，是前灘總體規劃的中央，地鐵東方體育中心站直接連接。

▲450 米天空環道是這裏的亮點，在上面可看到東方體育中心。

▲Kubnck 的設計是直接愛了，跨層落地玻璃，店內的白色閱讀座位層疊起來宛如優雅的梯田。

大牌名店對香港遊客來說未必有太大吸引力，但來太古里還是可以有不同的體驗，例如可看看兩家讓人很賞心悅目的書店。第一間是 Kubrick 庫布里克書店，就在 3 樓 Movie Movie 電影院旁邊，書籍種類主要涵蓋藝術、電影和音樂。看完電影或逛累了在這裏坐下看看書實在不要太舒服！而且小小的店裏竟然有隔音間，單人間 RMB6/5 分鐘，雙人間 RMB12/15 分鐘。

第二間是蔦屋書店，位於太古里石區四樓，這是他們在上海的第二家分店，2021 年開業。店內延續一貫風格，從書籍、文創、雜誌，到咖啡店都有，逛起來一樣是非常舒服的。

▲ 蔦屋書店入口處拍照非常好看。

▲ 蔦屋書店前灘太古里分店

▲ 太古里雖然走高檔商場路線，但餐飲選擇非常多元化，想要性價比高的朋友可以走到商場石區 B1 大食代，酸菜魚做得不錯，沙巴魚單人餐才 RMB49。

▲ L2 層 SL2-19 有一家 T9 Premium Tea，創立於 2016 年，總部在上海，品牌與德國擁有 185 年歷史的茶研室和製茶師合作，把茗茶與潮流風尚融合。

▲ 品牌設計做得非常出色，由擺設、產品到各種禮盒設計都富有品味。內有少量座位，可以享受下午茶，茶飲和蛋糕售價 RMB30~70，推薦皇家伯爵茶拿鐵。

上海圖書館東館

地 浦東新區迎春路 300 號（正門）、合歡路 300 號

時 09:00~20:30（週一閉館）

交 地鐵 18 號線迎春路站 4 號口 /2 號線上海科技館站 3 號口

由丹麥建築師事務所 SHL 所設計，自 2017 年底動工，耗時六年，**中國最大的圖書館「上海圖書館東館」**於 2022 年 9 月底正式開幕。不僅作為藏書機構，它結合美術館、文化中心等多元功能，令圖書館成為城市文化中心的角色，拓展「閱讀」多種可能。

▲ 圖書陳列設計甚具美感。

圖書館地上七層，地下兩層，設計採光非常明亮，外型靈感來自中式園林設計中的「太湖石」，帶有稜角的造型堅毅而優雅；緊鄰世紀公園有如鑲嵌於林木當中的璞玉，隱喻着圖書館「育人」過程與使命。除了共有 6,000 個座位可供讀者閱讀之外，還包含少兒區、表演廳、展覽空間、團隊研討室等多功能空間配置。以主題分為 22 個閱讀區，空間感十足，在此看書的感覺很舒爽。

▲ 這個設計特別的圖書館在開幕首三個月吸引了超級多人來打卡，預約極有難度，但一年過去就回復平靜。我是在工作日前來，因此館內很安靜，但假日人流與小孩會很多，建議可上微信小程序先預約。

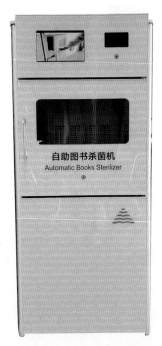

上海圖書館東館積極建設智慧服務設施，如設置機械人協助借還書、導航等日常館務，並且和元宇宙世代接軌。本人對這些消毒機極為欣賞，畢竟疫情後大家的衛生意識都提高了不少！

中間的共用空間採光充足，在陽光燦爛的午後坐在這裏看書、工作或學習，都是一件舒心的事。

喜歡看書的朋友建議花 2~3 小時來體驗這個全國最大的圖書館。

圖書館定期舉辦特展，使其兼具博物館、美術館的功能。

2023 年陸續開放

EKA 天物 創意園區

🔲 **地** 浦東新區金橋路 535 號
🔲 **時** 10:00~21:00
🔲 **交** 地鐵 6 號線金橋路站 3 號出口，步行約 500 米

被譽為免費寶藏攝影打卡地的 EKA 天物空間，原本是於 1869 年成立的舊海關浦東工廠，1992 年成為上海航海儀器總廠。2023 年，搖身一變成為了新時代顛覆傳統的建築群。EKA 是梵文，意思為「一」和「未知元素」；天物源於「天工開物」從無到有的匠造新生精神；打造這個園區就是想集探索 Exploration、知識 Knowledge 和美學 Aesthetics 於一身。

▲ 銅堡裏面還未開放，只好在外面打卡。

還未完全開放，這裏已吸引了不少人來拍照和參觀，最大的原因是這裏可謂「一步一境」——入口處的銅堡採用金屬打造而成，辨識度十足；旁邊有一棟恰似紅磚美術館的復古紅磚樓，不時有展覽；還有浪漫的白色童話城堡、黃色集裝箱小樓和超大金色拱門，每一棟建築都各具特色，光影、色彩、空間等設計極具欣賞價值。

▶ Peet's Coffee：
EKA 還有一間 Peet's Coffee，店面小小，但氛圍感十足。營業時間是週一至日 07:30~21:30。

◀ 參觀那天只有 3°C，在冬日來一杯美式加一件貝果，有說不出的暖意。

▲ 這裏的地標——超大金色拱門

▲ 復古紅磚樓內不時有展覽。

▲ Lenbach Fountain：

於 2023 年 9 月才剛開業的 Lenbach Fountain 貫徹度假慵懶風，巨大異域情調的木藤椅，營造出惬意的度假氛圍。主建築旁邊的 Lenbach 很適合戶外和朋友聊聊天，享受美食。

▲ 園區裏有 30 多棟建築，每棟的設計、色彩和材質各有不同，既體現了設計創意，又保留了昔日的工業風味。

▷ 小白屋很有情調。

2023年2月
OPEN

漾 SPACE 湯泉生活（陸家嘴店）

地 浦東新區浦電路 57 號

時 週一至週日全天

交 地鐵 4 號線塘橋站出口，步行 1,200 米

看到環境以為在體驗甚麼高科技展覽？不是！這裏是湯泉水療。上海湯泉店不少，但新開、舒服、位於市中心，價錢又合理的，這一家基本上是 top 3。公幹不想住酒店，或者旅遊時想去按摩、泡浴，都可以選擇漾 SPACE。

在陸家嘴中心位置，工作日來玩，連過夜，水果、Häagen-Dazs 雪糕和飲品自助無限量供應都只需二百多元（RMB），這個價錢基本上是無懈可擊。重點是內裏環境很乾淨，汗蒸、娛樂室、私家派對房、桌球、Switch、麻雀、工作間、免費休息空間應有盡有。來水療最重要的是 hea 得舒服，但也不得不讚這裏的餐廳，出品多元，口味很好。用餐區掃碼點菜，有新鮮海鮮和各式炒菜。一碗牛肉麵才 RMB 30 多，價錢非常合理。

▲ 先在門口區掃碼放鞋，再沿樓梯上去入內換衣服、做水療。從樓梯設計已可見這裏科技感十足，真值得多拍兩張照。

▲ 小房間可給兒童玩樂，帶小孩也不怕悶倒他們。

▲ 鮮果廣場，水果非常新鮮。

▲ 我們四人齊心一致，來吃一隻 RMB19.9 的大閘蟹，另外點了黃桃咕嚕肉（RMB78）、順德風味正滑雞（RMB78）、清炒西蘭花（RMB46）、台州三鮮炒米粉（RMB48），大半天人均花費三百多人民幣。

▲ 大眾休息區。

▲ 有些朋友來上海公幹一兩天不太喜歡住酒店，反而喜歡到水療，既可按摩又方便用餐。漾 SPACE 夜間（22:00~10:00）特價包洗浴、水果飲料的門票，團購價 RMB279，另有客房、沐足、棋牌室玩樂等套餐可供選擇，價錢和服務都值得推薦。酒吧和桌球需另外收費。

著　　　者：方　婷

責任編輯：李欣敏

裝幀設計：鍾啟善

排　　版：時　潔

出　版　者：知出版社

　　　　　香港英皇道 499 號北角工業大廈 20 樓

電　　　話：(852) 2564 7511

傳　　　真：(852) 2565 5539

電　　　郵：info@wanlibk.com

網　　　址：http://www.wanlibk.com

　　　　　https://www.facebook.com/wanlibk

發　行　者：香港聯合書刊物流有限公司

　　　　　香港荃灣德士古道 220-248 號荃灣工業中心 16 樓

電　　　話：(852) 2150 2100

傳　　　真：(852) 2407 3062

電　　　郵：info@suplogistics.com.hk

網　　　址：http://www.suplogistics.com.hk

承　印　者：美雅印刷製本有限公司

　　　　　香港九龍觀塘榮業街 6 號海濱工業大廈 4 樓 A 室

出版日期：二〇二四年六月第一次印刷

規　　　格：16 開（240mm X 170mm）

ISBN 978-962-14-7506-0